editorialSol90

# 图说人类文明史

## 古希腊

西班牙 Sol90 出版公司 编著
同文世纪 组译　宋晴子 译

中国农业出版社
农村读物出版社
北 京

图书在版编目（CIP）数据

图说人类文明史．古希腊 / 西班牙Sol90出版公司编著；同文世纪组译；宋晴子译．— 北京：中国农业出版社，2024.9
ISBN 978-7-109-29144-7

Ⅰ．①图…　Ⅱ．①西…　②同…　③宋…　Ⅲ．①文化史－古希腊－通俗读物　Ⅳ．①K103-49

中国版本图书馆CIP数据核字（2022）第028552号

GRANDES CIVILIZACIONES DE LA HISTORIA

Grecia clásica



**Author:** Editorial Sol90

**Based on an idea of** Daniel Gimeno
**Editorial Management** Daniel Gimeno
**Art Direction** Fabián Cassán
**Editors 2019 Edition** Joan Soriano, Alberto Hernández
**Writers** Juan Contreras, Gabriel Rot
**Research and Images Production** Virginia Iris Fernández
**Proofreading** Edgardo D'Elio
**Producer** Marta Kordon
**Layout** Luis Allocati, Mario Sapienza
**Images Treatment** Cósima Aballe
**Photography** Corbis, Science Photo Library, Getty, Sol90images
**Illustrations** Dante Ginevra, Trebol Animation, Urbanoica Studio, IMK3D, 3DN, Plasma Studio, all commisioned specially for this work by Editorial Sol90.
www.sol90images.com

**图说人类文明史**

古希腊



**中国农业出版社出版**
地址：北京市朝阳区麦子店街18号楼
邮编：100125
项目策划：张志　刘彦博　责任编辑：刘彦博　责任校对：吴丽婷　责任印制：王宏
翻译：同文世纪 译组　宋晴子 译　审定：范玖如　丛书复审定：刘林海　封面设计制作：张磊　内文设计制作：张磊
印刷：鸿博昊天科技有限公司
版次：2024年9月第1版
印次：2024年9月北京第1次印刷
发行：新华书店北京发行所
开本：889mm×1194mm　1/16
印张：6
字数：200千字
定价：98.00元

# 图说人类文明史

## 古希腊

# 目录

# 前言：“逻各斯”（理性）与文明

3000 多年前，伟大的东方文明和爱琴海文明在希腊汇聚、融合，奠定了西方文化的基础。在这里，人类的创造力达到了惊人的水平。星罗棋布的大小岛屿让不同政治制度的城邦国家共同发展（民主制度脱颖而出），并给个人的成长提供了理想的沃土。思想自由和言论自由不仅让人们从理性主义中获得了智慧，也为希腊社会和经济的快速发展打下了基础，同时也促进了科学、艺术、哲学和文学的繁荣。希腊人有一种工具，让这种奇迹般的发展成为可能，那就是语言。希腊人惊人的表达能力和审美意识让后人钦佩不已，其文学范式也一直延续到古罗马、拜占庭、欧洲文艺复兴时期乃至当代世界。

古希腊人制造的双耳细颈小底瓶，画风独特、细腻，瓶身上绘有几匹马拉车的场景。公元前 6 世纪左右制造。

尽管希腊地区方言众多、语言复杂，但无可争议的是，希腊官方语言的统一增强了希腊人的认同感。另一方面，新字母的发明——也就是每个字母对应一个音素的形式，对人类而言是一次真正的革命，也为文学、哲学和科学的发展开辟了道路。古罗马人很快就掌握了这种语言，几个世纪后，它又成为拜占庭帝国创造斯拉夫字母的基础。

将希腊世界团结起来的并非只有语言。古希腊历史学家希罗多德（Herodoto）明确表示：“全体希腊人血缘相通，拥有共同的语言，参拜共同的神庙，施行共同的仪式，我们还有着相同的习俗……”的确，尽管直到相对较晚的时期，希腊人才开始使用统一的民族名称，但他们清楚地意识到，血统、语言和宗教是将其团结在一起的决定性因素。从古典时期，尤其是希腊化时期开始，“希腊人”一词就被广泛使用。“希腊人”与“蛮族人”意义相反，后者最初是指“不讲希腊语的人”，后意为“没有受到希腊文明影响的人”，即未经文明开化的人。

尽管存在政治分裂和多种政体，但城邦仍然是以个人发展为基础的文化摇篮。城邦还创造了“政治”这一高级规则。不过，要了解这种灿烂文明诞生的根源，就必须追溯爱琴海地区更早的历史，以及前人留下来的、为后世发展奠定了坚实基础的辉煌成就。

一尊希腊勇士形象的青铜雕塑。一些人认为，他是特洛伊战争中亚该亚人的国王阿伽门农。

# 概述：城邦的世界

希腊半岛和爱琴海诸岛位于地中海东部的中心地带，既是该地区繁华的商业交通中心，也是各种文化的交汇点。同时，多山少平原的自然地理环境有助于抵挡外敌入侵。在这种情况下，城邦国家出现了，并成为希腊文化的精髓。希腊文明给我们留下了多种遗产，包括以"政治"这一概念表达的人类共存的新形式，以及催生科学和哲学思想的理性主义、语言美学、雕刻艺术和音乐创作美学。◆

帕特农神庙

爱奥尼亚海

雅典卫城

## 在雅典的光辉照耀下

雅典卫城是用来供奉女神雅典娜（左图）的建筑，它的建立标志着雅典城的诞生。雅典城以卫城山丘为中心向四外扩展。起初，雅典实行君主制，但是很快，由贵族寡头组成的执政官取代了君主。公元前594年，梭伦被任命为执政官，开启了一场深刻的改革，打破了古老的氏族制度，建立了以机构和政治团体为基础的政府，他奠定了"民主"制度（即民主政治）的基础。庇西特拉图和克里斯提尼进一步完善了民主政治，在伯里克利执政时期，雅典的民主政治达到了顶峰。同时，雅典凭借其明显的海上优势和在商业方面的领导地位，成为希腊政治和文化的主导者，随后进入了我们所说的希腊古典时期。

## 伯里克利时代

人们将公元前5世纪称为“伯里克利时期”，左图为克勒西拉斯雕刻的伯里克利像。这个时期是雅典发展的辉煌时期，希腊大部分地区都受其领导。这被视为一种新的社会组织形式，其有效的领导能力在留给后世的伟大艺术、哲学和科学财富中得到了体现。

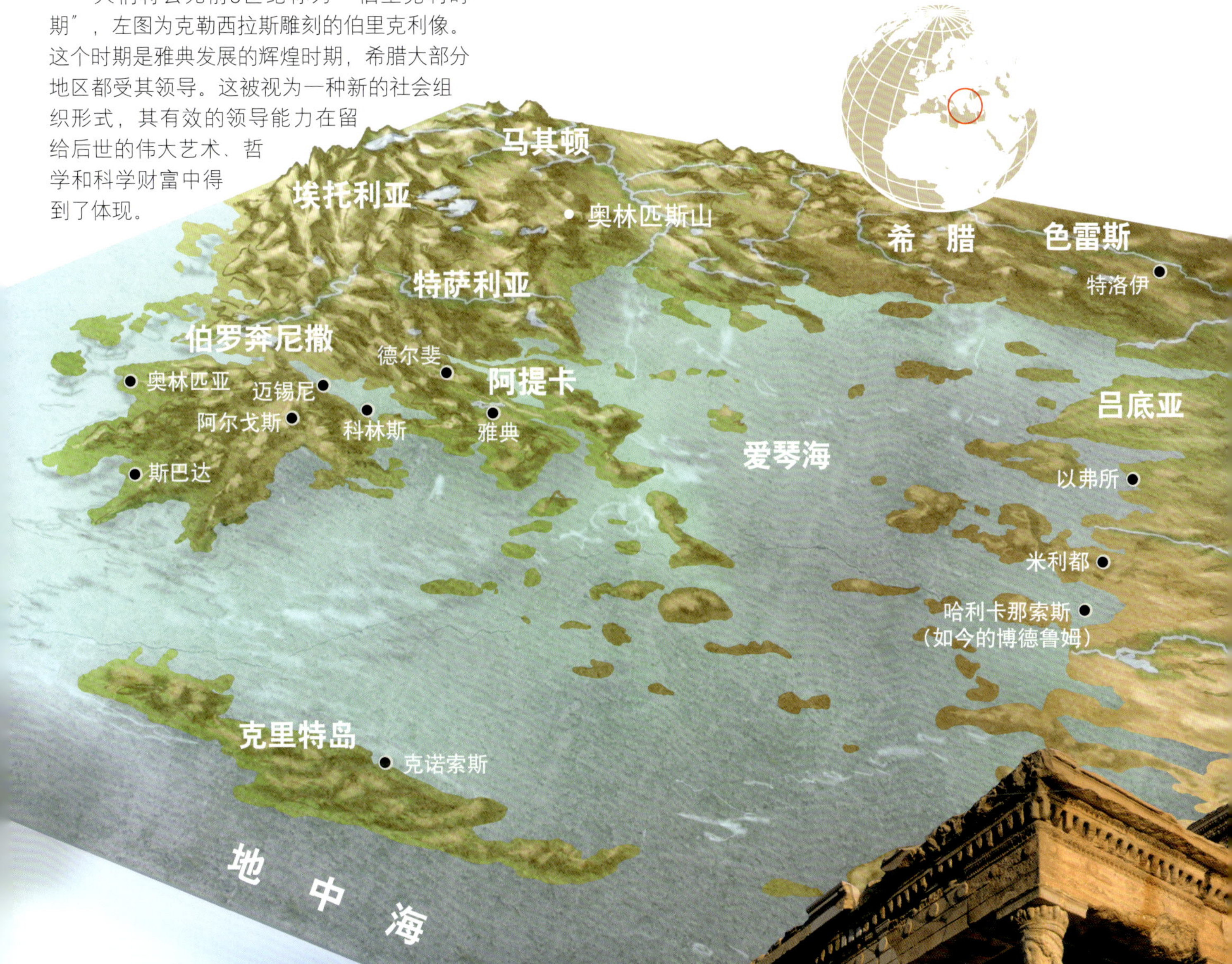

## 闪耀一个世纪的雅典

希波战争期间，波斯人摧毁了雅典卫城。战争结束后，雅典想要展示其在政治、经济和文化领域的领导实力。于是，建筑师伊克梯诺和卡里克利特负责建造了供奉雅典娜女神的帕特农神庙（建于前447年—前438年）。雅典雕塑家卡利马科斯设计了爱奥尼亚式神庙“厄瑞克忒翁神庙”（右图，建于前425年—前406年建造），它是雅典卫城建筑群中最后完成的一座建筑，这座神庙同时供奉着争夺雅典保护权的两位神祇：波塞冬与雅典娜。

# 历史和社会组织

## 历史和社会组织

# 城邦的起源

古风时期，希腊人好战尚武，大多为水手。克里特岛是地中海东部塞浦路斯附近最大的岛屿之一。8000年前岛上就出现了原始文明，并将其控制扩展到了爱琴海沿岸。从那时起，新石器时代的人类就开始在此定居。巨大的飞跃发生在公元前3000年左右，一些做工精巧的民用和军用青铜制品文物证明了这一点。我们可以轻易推断出，如果岛上没有锡，那就是从其他地方得到的。

公元前2世纪，克里特岛得到了更大的发展，原来种植小麦、葡萄和橄榄的农民转而开始修建宫殿。直到现在，我们依然能在废墟中找到奢华房屋和厅堂留下的痕迹。当时很可能已经有人生活在这些迷宫般的石头建筑群内了，这一点在当时岛上最重要的城市——菲斯托斯、马利亚、圣特里亚达和克诺索斯的遗址中已经得到了证实。除了豪华的房屋，还可以看到储存谷物和其他食物的仓库。克里特岛的文明被称为米诺斯文明，它得名于传说中克诺索斯的国王米诺斯。公元前1500年左右，该文明得到了全面发展，而此时，新的竞争者也出现在了爱琴海沿岸，他们就是亚该亚人。这些“入侵者”建立了多座城市，在迈锡尼、皮洛斯和梯林斯建造了众多宫殿，还在斯巴达建造了很多建筑。

公元前1300年左右，一个被称为迈锡尼的民族出现在希腊，并不断扩大其势力范围，因而不可避免地与克里特岛人发生了冲突。克里特岛人因为拥有强大的舰队而从未被征服，然而，两个世纪后，不幸的命运终究到来了：一场毁灭性的火山喷发摧毁了他们的宫殿，引发了地震和其他灾害，对此他们束手无策。

### 《荷马史诗》

在迈锡尼人出现的约150年前，亚该亚人包围并摧毁了特洛伊城，在历史上留下了自己的印记。他们在爱琴海建立了庞大的城市联盟，其中就包括克里特岛。十年战争结束后，亚该亚人修筑了巨大的城墙来加强城市防御。从那时起，迈锡尼王国及其国王阿伽门农在爱琴海就已确立了自己的统治地位。

但是，他的王国不可能永久存在。新的入侵者多利安人征服了迈锡尼王国。很久之后希腊城邦才诞生。与埃及和美索不达米亚地区一样，克里特岛和伯罗奔尼撒半岛上也出现了城市，不过，这些新兴的城邦与那些东方大都市有所不同，它们是独特的古希腊政治共同体。

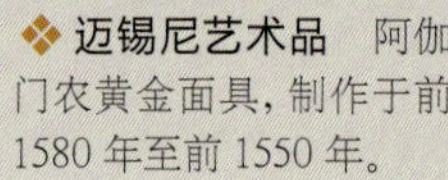

**迈锡尼艺术品** 阿伽门农黄金面具，制作于前1580年至前1550年。

❖ **帕特农神庙** 供奉女神帕拉斯·雅典娜的神庙，坐落在雅典卫城的最高处，它是古希腊最具象征意义的符号。

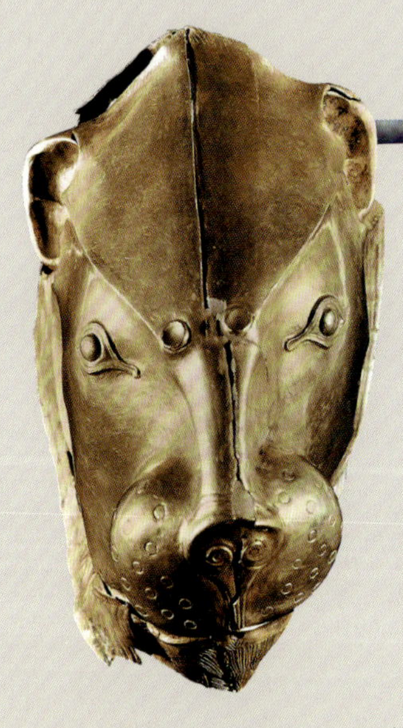

❖ **兽面** 公元前15世纪的克里特杯子，上面的装饰同时融入了马和狮子的特征。

首先，那些东方聚居区不具备作为一座城市的条件。只有国王的家族、宠臣、官员和奴仆才能住在宫殿、庙宇和官邸内，而那些为国王争得荣耀和创造巨大财富的人却不住在这些地方。农民住在乡下，下层阶级、工匠和其他奴隶则生活在不太安全的外围小村庄中。虽然他们仍受到贵族阶级的统治，但他们的居住区域与贵族阶级的居住区域相距甚远。

## 农业问题

由于山峦众多，道路崎岖，适于耕种的土地稀少而分散，不适宜发展跨区域的密集型农业，因此，希腊人一般从事特定的农业生产，这就使城市之间的联系不够紧密。当时的希腊人认为，城市是社交生活的场所，因而，距城市相对较近的农民更容易成为城市居民。

当然，随着人口的增长和可耕种土地的日益偏远和减少，这种情况不可能永远持续下去。在希腊，山岭河川将陆地分隔成小块，海岸线绵延不绝，耕地匮乏，土壤贫瘠，这些都限制了粮食的生产。因此，人地矛盾日益突出，而得天独厚的海洋资源促使希腊通过海外移民解决这些问题。冒险家和没有土地的人们一起参与探险活动，并在海岸的另一个地方建立了一座新的城市。就这样，许多独特而古老的城邦文化传播到了黑海附近。

多利安人是另一个使用希腊语的民族。公元前1200年，

## 传说中的特洛伊

❖❖❖

公元前2世纪，在赫勒斯滂（达达尼尔海峡）海岸，一座由厚重城墙保护着的古城矗立在海峡咽喉。在经受多年围困后，这座城市最终被征服并被摧毁。特洛伊的历史或许早已被世人遗忘，但这座城市仍留在人类的想象中，这要归功于荷马，一位公元前9世纪居住在小亚细亚的希腊诗人。荷马在《伊利亚特》里叙述了迈锡尼领导的亚该亚联盟与特洛伊国王普里阿摩斯之间的这场战争。特洛伊以盛产血统优良的战马而闻名，由于地处交通要道，特洛伊人利用这一战略位置，对想要进入黑海的船只收取通行费。战争进入第十年时，特洛伊被一个小计谋攻破：尤利西斯设计了一座特洛伊木马，不幸的是，毫无戒备的特洛伊人自己将这座木马作为战利品拖入了城中。

❖ **雕像** 为纪念莱昂尼达斯而建，他曾带领希腊军队在“温泉关战役”中抵抗波斯军队。

他们带着对土地的渴望，迫不及待地出现在了希腊的历史舞台上。这片土地之前由米诺斯人和迈锡尼人统治，后来却被他们摧毁，用以建立新的定居点。时代所带来的不安全感，让多利安人在地势较高的地方修建了防御工事——这就是所谓的卫城。当外敌入侵时，居民可以躲入卫城避难。随着时间流逝，这里变成了多利安人朝拜众神的地方。同时，在地势低洼处，这座城市的规模随着集市的发展以及居民房屋的增多而不断扩大。

## 公民与奴隶

这些城市中，人口数量很少超过一万，人口达到两万的城市屈指可数。只有一座城市的人口数量达到了十万，那就是雅典。住在雅典主城中的居民超过了五万，而在阿提卡这个狭小的区域内，人口数量超过了二十五万。值得一提的是，这个数字包括公民和非公民，后者占绝大多数。非公民群体中人数最多的是妇女，其次是外国人和奴隶。

公民群体数量庞大，由那些出生于雅典、父母为雅典人且年龄超过17岁的男性组成，但是这个群体比较排外。甚至在伯里克利时代的一项法令中，禁止雅典人与外国人通婚。然而，伯里克利本人却爱上了米利都人阿斯帕西娅，并为了她抛弃了自己的希腊妻子。他因此被判处罚款，政治生涯也受到影响。

其他几个比较重要的城邦还有：七门之城底比斯、欧几里得哲学发源地麦加拉，以及被誉为大城市之母的科林斯。科林斯拥有诸多殖民地，如科孚岛、锡拉库萨。后来，科林斯与雅典的对抗成为伯罗奔尼撒战争的导火索。当然，导致战争爆发的还有居住在这片土地的亚该亚战士们，以及雅典的竞争对手斯巴达。雅典和斯巴达就像白天与黑夜。雅典是一座人口众多的富饶城市，拥有众多的知识分子和艺术家，以其建筑和政治创造力闻名于世，对后世产生了广泛的影响。雅典民主制度的影响力还延伸到了爱琴海沿岸和各个岛屿的众多城邦。

与之相反，英勇的斯巴达人选择了军事化管理模式。即使在鼎盛时期，斯巴达拥有“公民”身份的人也不超过一万人。这些“公民”是指拥有自己的土地、实施铁腕统治的人，他们将在这片土地上生活的土著人变为奴隶，逼迫他们上缴赋税。就这样，美塞尼亚人变成了希洛人（斯巴达对土著人的称呼）。斯巴达人不重视艺术和思考，仅仅在战争中表现出色。由于斯巴达公民控制的人口数量高出自己好几倍，可以想见，这些被控制的人无疑都想反抗斯巴达的统治，所以斯巴达人很难有精力对外扩张。

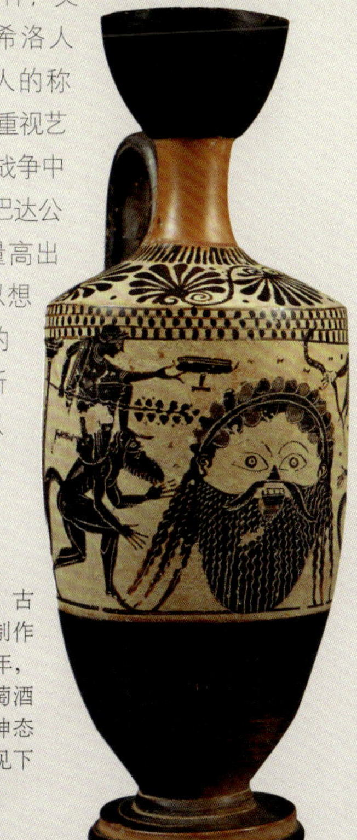

❖ **酒神狄俄尼索斯** 古希腊双耳细颈酒罐，制作于前525年至前520年，瓶上狄俄尼索斯（葡萄酒之神和欢乐之神）的神态完全不同于阿波罗（见下页）的庄严神态。

### 为荣誉而战

相传，为了祭拜希腊神话的众神之神宙斯（Zeus），公元前776年，埃利斯国王在奥林匹亚的宙斯神庙附近组织了第一届古代奥林匹克运动会。这是一项涉及各种体育和军事比赛的活动（包括跑步、掷铁饼、标枪、射击和拳击等）。此后，每隔四年，这场盛事都将爱琴海的人们和平地聚在一起。奥运会逐渐成为希腊无数城邦都认同的身份象征，即使这些城邦永远不会形成一个统一的国家。比赛的获胜者将被授予橄榄枝，他们的名字会被载入史册。甚至很多获胜者都有权将自己的形象制成雕像，以此万古流芳。这些雕像一般安置在神庙附近的森林中。奥林匹克运动会期间，希腊的数千名观众汇聚于此，随后将希腊文化的美学和道德价值观传播到全世界。

❖ **阿波罗神像** 阿波罗被视为光明、和谐、庄严、艺术之神，常与希腊文明的内在精神联系在一起。

## 走向希腊化时期

自公元前776年第一届古代奥林匹克运动会成功举办开始，在此后两百多年的时间里，希腊城邦的民主政治在城邦林立、相互对抗的状态下得以成功实践。这些城邦之间即使在面对外来侵略时也没有停止冲突。在这种历史背景下，希腊的民主政治却保留了下来。但在公元前5世纪初，波斯帝国最终决定征伐伯罗奔尼撒半岛。波斯集结了一支军队，平定了叛乱的米利都，并占领了基克拉泽斯群岛，为征服希腊本土做准备。雅典人在马拉松战役中获胜，波斯人被迫撤退，但波斯皇帝大流士一世（Dalius I）并未放弃他的野心。十年后，他的继任者薛西斯一世（Xerxes I）实现了这一目标。公元前480年，波斯舰队围攻并摧毁了雅典，希腊军队被迫逃至埃维亚岛。希腊统帅欧里比亚德斯（Eurybiades）采取了一种具有传奇色彩的新战术：他将波斯舰队引入萨拉米斯海峡的狭窄海面，并彻底摧毁了波斯舰队。萨拉米斯海战结束一年之后，希腊联军在普拉提亚之战和米卡尔战役中分别击败了波斯大军，并乘着胜利解放了希腊诸岛。公元前449年左右，希腊人在塞浦路斯附近击败波斯舰队，并从西里西亚登陆，迫使阿尔塔薛西斯一世（Artaxerxes I）签署了《卡里阿斯和约》，从而保证了小亚细亚沿海地区城邦国家的独立。

因公元前5世纪的希腊文明最为灿烂，这一时期也被称为“黄金时期”。但是，由于与盟友决裂，希腊被迫被长期笼罩在战争阴云之中。这场战争最终瓦解了在希波战争时期形成的海上同盟，极大削弱了希腊城邦的政治和经济实力，史称伯罗奔尼撒战争。一个世纪后，希腊城邦被马其顿征服。腓力二世（Philip II）征服希腊后，新的世界诞生了。腓力二世的继任者亚历山大大帝（Alexander the Great）将希腊文化的影响力扩展到了整个地中海和东方。

## 希腊文化强大影响力的证据

一般来说，货币的广泛使用与贸易发展有关，因此，人们在小亚细亚城邦国家的废墟里发现最古老的希腊硬币（公元前7世纪）就并非偶然了，因为这里是连接远东和东地中海地区的通道。公元前6世纪，希腊人开始用纯银铸造硬币，在此之前，希腊一直使用金银合金铸造硬币。纯银硬币一直流通到公元前4世纪。尽管每个城邦为了显示自己的独立都会发行自己的货币，但最强大城邦的货币始终在诸多货币中占据主导地位。由于亚历山大时期马其顿王国向外扩张，统一的金属货币在很大范围内被接受，这也成为希腊化时代的特征之一。最初，硬币是具有一定重量的贵金属，上面刻有某种可识别的图像，后来是某种铭文，以证明货币的支付能力。对于历史学的杰出盟友——钱币学来说，这种演变是文化发展的标志。人们在地中海的各个角落和远东地区（例如印度和中国）都发现了希腊硬币，这证明了希腊文明的影响十分深远。

**萨摩斯**

公元前600年左右，在萨摩斯这个爱琴海的海岛上，萨摩斯人开始使用琥珀金（一种金和银的合金）铸造本国货币。图中这枚硬币约等于二十德拉克马银币（德拉克马是古希腊的货币和重量单位）。

**埃伊纳岛**

这枚银币在公元前560年左右铸造于埃伊纳岛。这种银币曾在伯罗奔尼撒的所有城市中流通。它的一面是一只乌龟的图像，这与当地崇拜女神赫拉的传统有关。

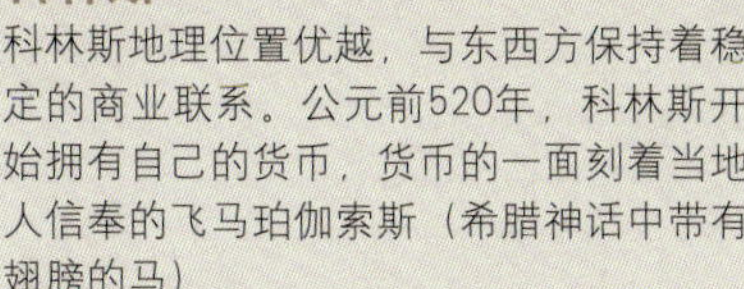

**科林斯**

科林斯地理位置优越，与东西方保持着稳定的商业联系。公元前520年，科林斯开始拥有自己的货币，货币的一面刻着当地人信奉的飞马珀伽索斯（希腊神话中带有翅膀的马）。

**锡巴里斯**

这枚银币铸造于公元前520年，正反面都有公牛的形象。当地对公牛的崇拜可以追溯到古埃及的公牛神阿比斯。锡巴里斯的铸币技术具有明显的西西里岛风格。

**锡拉库萨**

这枚银币铸造于公元前485年，正面是一辆象征奥运会的战车。显然，这个城邦国家的运动员在奥运会上赢得了多次胜利。

**雅典**

这枚雅典铸造的四德拉克马银币铸造于公元前440年，银币正面是雅典供奉的女神雅典娜的形象。公元前2世纪以前，人们一直使用雅典硬币。

**麦西尼亚**

这枚四德拉克马银币铸造于公元前430年，正面刻着一匹骡子拉着的小车，银币背面刻有自然之神潘神，有时图像上还有一只野兔。

**阿斯潘多斯**

这枚硬币铸造于公元前380年，正面刻有一场战斗的场面。阿斯潘多斯的商业势力渗透了多个地区，因此，在整个地中海东部和安纳托利亚都可以找到它的货币。

**以弗所**

这枚银币铸造于公元前530年，正面的形象是一只蜜蜂，与当地对女神阿尔忒弥斯的崇拜有关。除了带有宗教色彩，这枚硬币还给以弗所出产的蜂巢做了宣传：以弗所是重要的蜂蜜出产地。

**马其顿**

这枚银币铸造于公元前336年，正面是亚历山大大帝的头像。亚历山大大帝取得了波斯的宝藏，命令各地的造币厂使用银铸造帝国统一使用的货币。

# 克诺索斯宫

在距离克里特岛的中北部海岸 5 千米处有一座宏伟的建筑，那就是克诺索斯宫。公元前 1600 年左右，当时的居民在另一个更早期文明的废墟上修建了克诺索斯宫。公元前 1450 年左右，克诺索斯宫的部分宫殿因自然灾害被破坏，一个世纪后，这座宫殿被完全摧毁。它是传说中米诺斯国王的居所，也是米诺斯文明的主要中心之一。在这片面积两公顷的土地上分布着一千多间宫室，宫殿里面还容纳着一座小城市。这座建筑与米诺陶洛斯（人身牛头的怪物）神话有关。相传，米诺陶洛斯被困在克诺索斯宫的地下迷宫里，以人肉为食，最后被英雄忒修斯杀死。◆

**储藏库** 克诺索斯宫的储藏室能够存放供4万多人使用的物资，克诺索斯宫也由此成为整个克里特岛农业生产的控制和分配中心。

**《戴百合花的王子》** 壁画 因画中的人物的王冠和项链上都有百合花而得名。该幅壁画位于连接南边门廊和宗教区域的一条走廊的墙上。

**南边门廊** 这是一条连接东南入口和中央庭院的通道。

## 最精致的工艺品

克诺索斯宫和其他米诺斯宫殿（如菲斯托斯或下扎克罗斯）的作坊生产了当时最精致的手工艺品。这里的各种微型金属制品和雕像全部使用进口金属（金、银、铜等），这里出产的其他日常生活用品（印章、水罐、棺材等）上也刻有复杂的图案。

**水罐**
瓦西里基出土
前2500年至前2300年
陶器，高12.5厘米

**战车印章**
克诺索斯出土
前1450年至前1300年
玛瑙，3.3厘米 x 2.1厘米

**坠饰**
马利亚出土
前1550年
黄金，宽4.6厘米

**棺材**
札弗·帕波拉出土
前1400年至前1200年
陶瓦，100厘米 x 70厘米

克诺索斯宫示意图

## 高低错落的迷宫

克诺索斯宫的建筑面积达 17000 平方米，有 1000 多间宫室，是克里特岛上的主要宫殿之一。整座建筑群围绕中央庭院设计。在建造宫殿时，米诺斯人喜欢在原有建筑的基础上慢慢增加房间，因此走廊经常是断开的，人们不得不沿着一条曲折的路线行进。

**北部入口** 这是一条很容易从高处门廊控制的狭窄通道的入口。人们在其中一个门廊上发现了一幅壁画，描绘了一头公牛在橄榄林中被捕获的景象。

**中央庭院** 庭院周围都是房间。克诺索斯宫的壁画和小型雕像中多次出现了公牛的形象，这里可能是壁画上“斗牛”活动的发生地。

**王族宫室** 这些房间被认为是统治阶级居住的房间，因为它们是最完整和最宽敞的。每个房间都带卫生间、天窗式照明系统和大量装饰。

**觐见室**

位于中央庭院的最西边，被认为是宗教区域最核心的地方。宝座背靠墙壁，前方的地面有一个脸盆状的宗教装饰。

**王后的寝宫**

据说，这里是王后的住处。宫殿的内壁上绘有一幅生动逼真的壁画，带有浓厚的自然主义色彩。

# 迈锡尼的荣耀

在乌加里特（古代腓尼基沿海城市）发现的浮雕残片，上面刻有迈锡尼生育女神的形象。

公元前18世纪至公元前11世纪，迈锡尼文明在希腊本土、伯罗奔尼撒半岛和希腊诸岛上逐渐兴起。迈锡尼文明得名于当时最富有、建筑最宏伟的城市迈锡尼。迈锡尼人是印欧语系的游牧民族和当地土著人的后代。印欧语系的民族将其语言带到了希腊，经过不断融合，产生了线性文字B。迈锡尼人建立了一个以自由人和奴隶为基础的社会体系，领导者居住在富丽堂皇的宫殿内，而平民则在宫殿周围建立了自己的城市。

### 一场意外的大火

一场熊熊燃烧的烈火烧毁了迈锡尼宫殿和其中的典藏，但也正因为这场大火，带有“线性文字B”铭文的黏土板才能在3000多年的岁月里不被潮湿的泥土所腐蚀。

带有“线性文字B”铭文的黏土板，出土于被大火烧毁的迈锡尼宫殿遗址

登德拉遗址出土的一个迈锡尼战士形象塑像

### 一个等级森严的社会

人们一般认为，迈锡尼是一个高度军事化的社会，这一事实说明当时存在奴隶制度。研究还表明，迈锡尼王国的农业、畜牧业、冶金业在当时也得到了发展，贸易的发展还填补了米诺斯人消失留下的空白。国王以有效的行政管理和宗教崇拜为统治基础，作为普通民众的自由人则需要将其劳动收入的一部分上交给国王和统治阶级成员。

**古墓群** 是为迈锡尼王室及其贵族成员建造的，从已发掘的宫殿废墟可以看出，墓群建在城市里一处被厚重的城墙所保护的区域。

迈锡尼文明时期亚该亚人所建的宫殿外墙遗址

## 筑有坚固城墙的宫殿

亚该亚人建造的这些宫殿履行了类似于米诺斯宫殿的经济管理职能，让宫殿周边的城市得以发展。宫殿外部修建了坚固的城墙，一旦爆发战争，人们可以在此避难。

在希腊瓦斐奥一处迈锡尼古墓内发现的器皿

## "黄金之城"迈锡尼

根据《荷马史诗》的描述，迈锡尼是一座黄金之城。考古发掘中发现的宝藏证明了这一点，这里出土的武器、珠宝、宗教礼器和面具均由黄金这种贵金属打造。这些黄金大部分来自进口，小部分来自当地的矿山，或是迈锡尼人在战争中掠夺而来。

**线形文字B** 是古希腊迈锡尼文明时期迈锡尼人使用的文字。

**3米高** 狮子门是由谢里曼（德国考古学家）主持重建的迈锡尼重要建筑。

## 一座独特的建筑

迈锡尼人早期的坟墓外一般是圆形的小土包。从公元前1400年开始，米诺斯人的墓葬传统对迈锡尼人产生了重要影响，迈锡尼人开始建造"圆顶墓"，墓室外有一条具有纪念意义的开放式走廊通向墓室。气势最恢宏、最壮观的陵墓是迈锡尼的阿特鲁斯宝库（右图），不过，其中的珍宝早在古代就已被洗劫一空。第一位研究迈锡尼建筑的研究员是伟大的海因里希·谢里曼。他根据《荷马史诗》的有关记载，发现了特洛伊、迈锡尼和梯林斯的遗址。

海因里希·谢里曼，被认为是希腊考古发掘之父

# 希腊城邦

在迈锡尼文明没落、消失后，希腊人分散居住在不同的小型公社里。公元前 8 世纪，这些公社逐渐演变为城邦国家。伯罗奔尼撒半岛零散分布的独特地理条件加快了政治分裂的进程。最开始，城邦由军事领袖（被称为“巴赛勒斯”）统治。公元前 7 世纪，寡头贵族取代了巴赛勒斯，成为新的统治者。随着时间的推移，贵族制又被民主制取代。公元前 5 世纪，即伯里克利时代，民主制在雅典发展到顶峰。◆

## 罗德岛上的卡米罗斯古城

公元前 1100 年左右，多利安人占领了罗德岛，在岛上建立了多个城市。卡米罗斯城因筑有坚固围墙的卫城和神庙而引人注目。罗德岛是东西方的交汇点，此后逐渐发展为一个重要的商业中心。公元前 305 年，罗德岛与雅典结盟。在希腊化时期，亚历山大大帝去世前，罗德岛的众多城邦一直是他的盟友。后来，罗德岛重获独立，直到公元前 197 年被罗马征服。

**柱廊** 建在一个容积约600立方米、可供400多个家庭用水的蓄水池上。柱廊由两排多立克式柱组成，立柱后面设有商铺和休息室。

公元前 6 世纪制作的一只双耳细颈小底瓶，瓶上绘有一个科林斯人的形象

## 泛希腊主义

在希腊人看来，所有不使用希腊语的人都是“野蛮人”。希腊所有的城邦国家都使用统一的语言，因此，希腊人有一种文化优越感。这个概念被引入西方文化，久而久之，“野蛮”逐渐成为“文明”的反义词。

## 锡拉库萨古城

锡拉库萨（右图是锡拉库萨圆形剧场遗址）是科林斯人于公元前 734 年在西西里岛建立的殖民地。公元前 5 世纪，暴君格隆征服了此地，这里也由此获得了自治权。锡拉库萨以农业和贸易立国，逐渐发展为当时重要的经济中心。

绘有航海场景的陶器，公元前2世纪

## 自治但统一

希腊的城邦国家通过建立提洛同盟实现联合，但它们从未形成一个统一的国家。提洛同盟主要作为一个军事同盟存在，尤其是在“野蛮人”入侵希腊的时候发挥作用。各城邦中最发达、最强大的雅典实际上领导着整个提洛同盟，但这常常引发同盟内部的摩擦和嫌隙。

**卡米罗斯的雅典卫城** 位于小山顶上，卫城四周环绕着城墙，里面建造了许多供奉雅典娜的神庙，以及柱廊（一种门廊），因精美的彩绘装饰闻名于世。

**首次考古发掘** 1852年至1864年，比利奥蒂和萨尔兹曼对卡米罗斯卫城进行了首次考古发掘。1928年，意大利考古学院继续对卫城展开考古研究，并发现了一座巨大的墓地，墓葬年代可追溯至古风时代。

**风格** 在卡米罗斯墓地中发现了数量繁多、绘有动物形象的祭祀礼器。人们将这种风格称为“野山羊风格”。

### 城邦

埃伊纳岛位于雅典所在岛屿的前方，长期以来一直与雅典存在冲突。公元前431年，雅典人开始驱逐岛上的所有居民。

麦加拉也一直与邻邦雅典展开竞争。公元前7世纪是麦加拉最繁荣的时期，在黑海地区建立了数个殖民地。

米利都由爱奥尼亚人建立，公元前8世纪成为重要的殖民中心。这里是多位著名哲学家的故乡，如泰勒斯和赫卡塔埃乌斯。

以弗所是爱奥尼亚人于公元前1000年前后建立的一座城市，后成为一个重要的商业中心。以弗所人所建的阿尔忒弥斯神庙被列为世界七大奇迹之一，然而如今只剩下断壁残垣。

# 雅典卫城

所有城邦国家在修建防御体系时都有一个共同点：在地势最高处修建，周围砌筑城墙。雅典卫城也不例外。卫城周围建有坚固的军事防御工事。随着时间推移，卫城从原本的城市中心变成了兼具城市和宗教功能的中心。公元前5世纪，雅典卫城达到了最辉煌的时期。在当时伯里克利政府的主持下，希腊人在雅典卫城修建了整个古典时期最受人瞩目的神庙建筑。◆

**厄瑞克忒翁神庙** 采用爱奥尼亚式建筑设计，因形体复杂而著称于世。庙内供奉着多位神祇和英雄，比如，雅典娜和雅典国王厄瑞克透斯。

如今的雅典卫城和帕特农神庙

## 伯里克利留下的遗产

在希腊语中，伯里克利这个名字的意思是"被荣耀包围"。伯里克利在其统治期间促进了雅典文学、艺术的发展，并制订了一个雄心勃勃的计划——建造雅典卫城。在其任期内，雅典卫城的大多数建筑，包括帕特农神庙以及雅典卫城正门等纪念性建筑都顺利完工。伯里克利是哲学家阿那克萨戈拉和芝诺的学生，是雕刻家菲狄亚斯的朋友，并吸引了哲学家普罗泰格拉和历史学家希罗多德来到雅典。他还是索福克勒斯和欧里庇得斯的支持者。

**雅典娜胜利女神庙** 于公元前420年竣工，是在一座迈锡尼神庙的遗址上建造的。神庙整体曾用一条浮雕大理石楣饰联结，其上雕刻的是希腊人和波斯人之间的战斗场面。

**雅典卫城正门** 位于坡道尽头，可通过这座宏伟的建筑进入雅典卫城。正门为多立克式建筑，伯罗奔尼撒战争爆发时还未完工。

**雅典娜战神像** 雅典娜青铜雕塑。根据历史学家帕萨尼亚斯（Pausanias，公元2世纪）所述，由于这座雕像很高（高达9米），当时的人们把它当做导航的标志。

**女神柱像** 这座宏伟的门廊有六根女神柱像，柱廊里有六座典雅娇媚的希腊少女雕像。为了将雅典的创建者、首任国王刻克洛普斯的陵墓移入厄瑞克忒翁神庙，特建此门廊。

**帕特农神庙** 这座巨大的多立克式神庙建在雅典卫城的最高处，是为了保存雅典娜处女像和雅典积累下来的宝藏而修建的。

**雅典娜处女像** 这是一尊只能在历史描述中略知一二的雕像。神像高达10米，身体由象牙雕刻而成，服饰用黄金打造，眼睛则由宝石镶嵌。

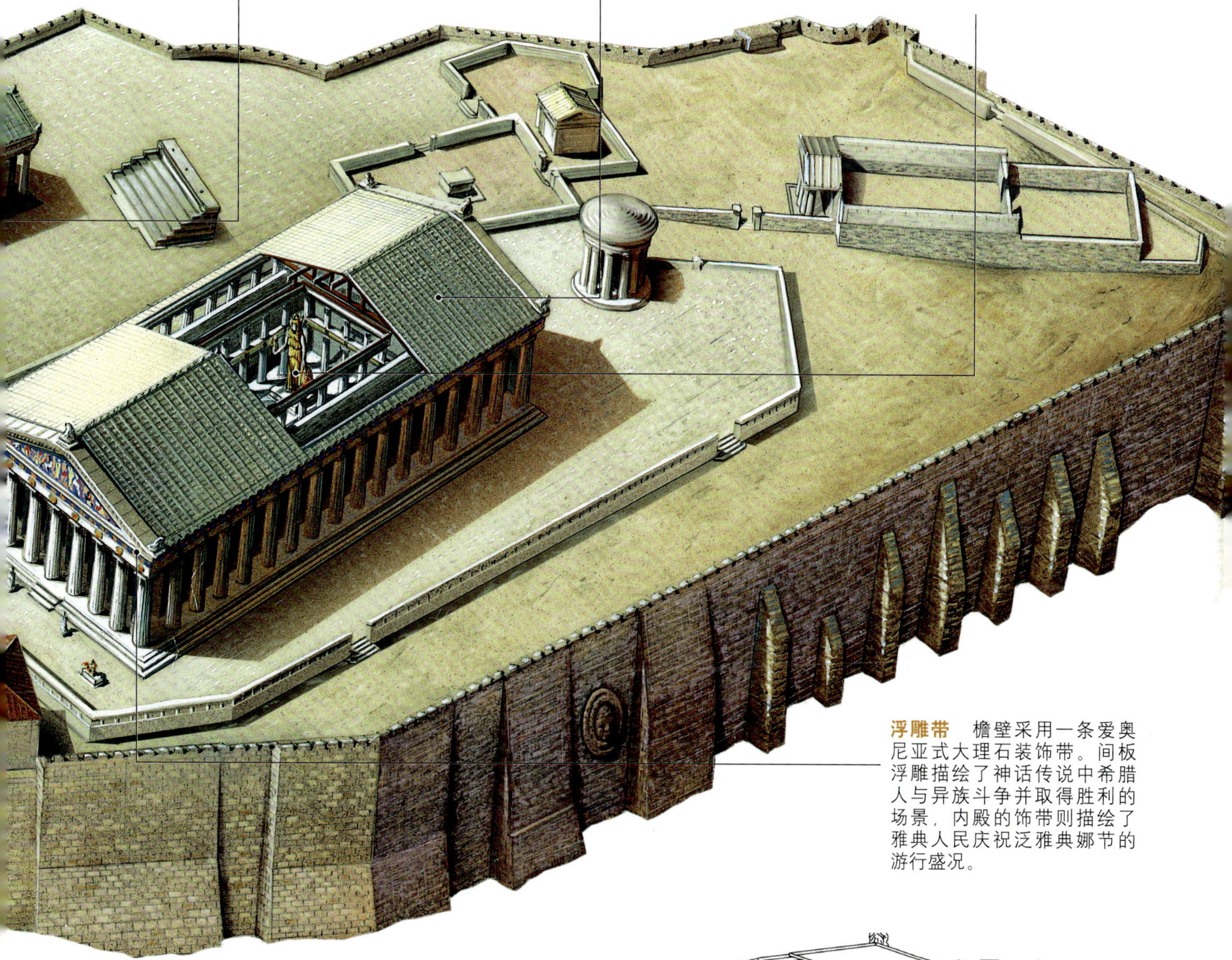

**浮雕带** 檐壁采用一条爱奥尼亚式大理石装饰带。间板浮雕描绘了神话传说中希腊人与异族斗争并取得胜利的场景，内殿的饰带则描绘了雅典人民庆祝泛雅典娜节的游行盛况。

## 西方建筑风格

从公元前7世纪开始，希腊神庙逐渐形成了统一的建筑风格，并在日后成为西方宗教建筑的标准范式。神庙的空间设计理念可以追溯到迈锡尼时期的宫殿厅室设计。一般来说，中央厅殿（即供奉神像的内殿）外围有一条门廊作为内殿入口。后殿位于与门廊相对的另一侧，是储存贡品的地方，一条列柱廊围绕在建筑中央的厅殿周围（即列柱中庭）。

1 内殿
2 门廊
3 列柱中庭
4 柱基
5 柱座
6 柱身
7 柱头
8 柱顶过梁
9 浮雕带
10 排档间饰
11 三陇板
12 飞檐
13 山墙
14 山墙饰物

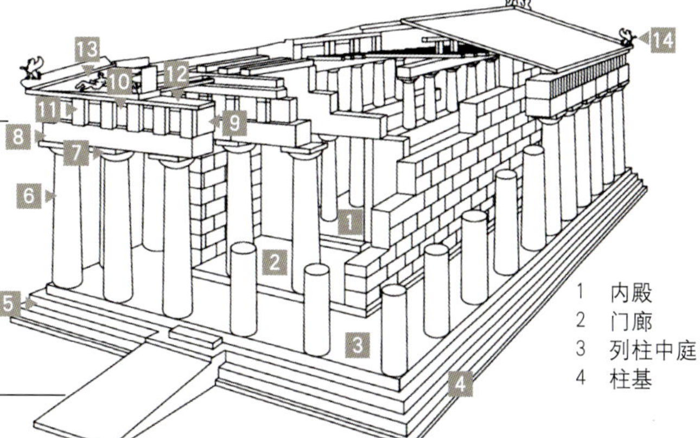

# 希波战争

公元前 5 世纪上半叶，波斯帝国与希腊城邦国家之间爆发了两次大战，史称“希波战争”。古希腊人把波斯人和米底人作为同义词混用，直到今天，我们还会使用“中东”一词指代该地区。事实上，米底国是指与波斯相邻、附属于波斯帝国的地区。第一次希波战争爆发于前 499 年至前 490 年，第二次希波战争则始于前 480 年，止于前 468 年。前 449 年，《卡里阿斯和约》的签署标志着希波战争的结束。在希腊人看来，希波战争是一次民主与专制的对抗，一场文明与野蛮的冲突。◆

**马拉松** 雅典和马拉松相隔40千米。马拉松战役获胜后，传令兵斐力庇第斯连续跑了40千米到雅典报捷（上图是公元前5世纪建造的一块纪念碑）。完成任务后，斐力庇第斯力竭而亡。为了纪念他，自1896年开始，人们开始举办马拉松这项长跑竞技运动。

**地米斯托克利**

地米斯托克利（前 525– 前 440）认为，想要战胜波斯人，就必须摧毁波斯海军的优势力量。因此，他说服雅典人，让雅典人相信当务之急是建造一支强大的舰队。后来，希腊人在米卡尔海战中击败了波斯。

**帆** 希腊战船有两个形状相同、大小不同的方形帆。进攻时，希腊人收起船帆，以保证甲板通道畅行无阻。

公元前6世纪希腊三列桨座战船模型

## 三列桨座战船的发明

随着海军的发展，科林斯人在公元前 7 世纪发明了三列桨座战船。这一发明的重要性无异于 20 世纪初的“装甲舰”。这种新型战船逐渐取代了古老的单层桨战船，在希腊得到广泛应用。然而，这种替代的过程十分缓慢，不是因为这种新型战船建造难度大，而是由于建造需要耗费较长时间，投入更大的人力和财力。但是，在公元前 5 世纪的希波战争期间，三列桨座战船成为最重要的战船船型，也正是因为这种战船的投入使用，希腊取得了最终胜利。

### 三列桨座战船技术数据

| 三列桨座战船技术数据 |
|---|
| 长：36–37米 |
| 宽：3.6米 |
| 重：46吨 |
| 船员：共200名，其中包括170名桨手（分布在船的两侧，上层31名，中层27名，下层27名） |
| 桨长：4.5米 |
| 平均航速：9千米/小时 |
| 最高航速：15千米/小时 |

### 为攻击而生的船首三齿撞角

船首三齿撞角由三层木牙组成，每层木牙都有青铜套鞘。希腊人驾驶三列桨座战船斜刺敌船，使其船体断裂，水流涌入船体，或从侧翼平行接近敌船，撞断敌船成排的船桨。前 480 年，地米斯托克利利用这种新型战船在萨拉米斯海战中击败了波斯舰队。

**上层甲板** 上层甲板是官兵所在处，只覆盖了中间船体上方。两军对垒时，上层甲板会因作战需要覆盖全船，以便容纳更多士兵。

**通道** 位于桨手位置上方，贯穿中层甲板，连接船首和船尾。大副、水手长和船长在这一层控制划桨的节奏。

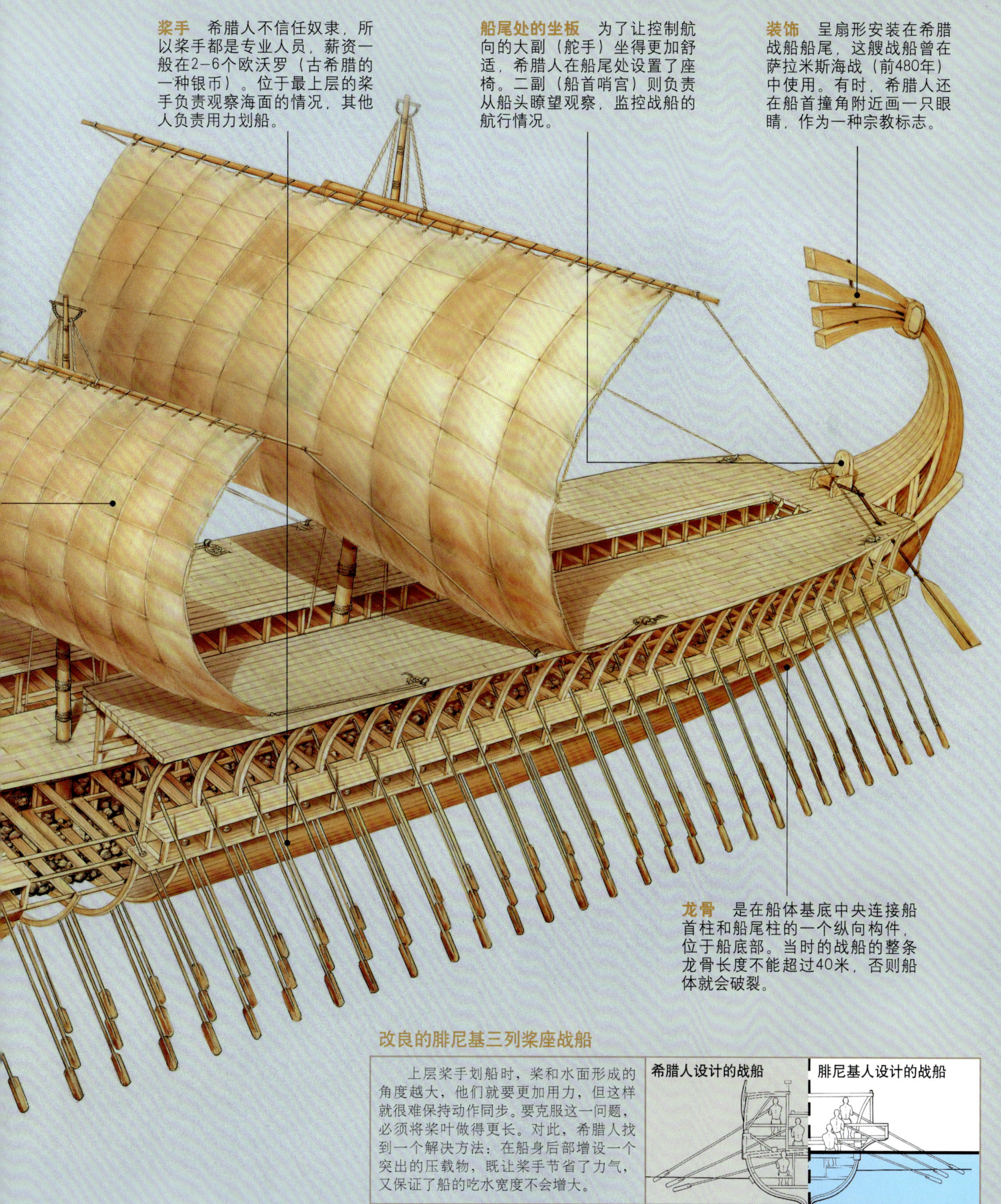


## 改良的腓尼基三列桨座战船

上层桨手划船时，桨和水面形成的角度越大，他们就要更加用力，但这样就很难保持动作同步。要克服这一问题，必须将桨叶做得更长。对此，希腊人找到一个解决方法：在船身后部增设一个突出的压载物，既让桨手节省了力气，又保证了船的吃水宽度不会增大。

希腊人设计的战船

腓尼基人设计的战船

# 亚历山大大帝

亚历山大大帝是腓力二世和奥林匹娅斯之子，曾师从亚里士多德。公元前336年，年仅20岁的亚历山大继承了马其顿王国的王位。亚历山大大帝率军与希腊同盟国一起彻底摧毁了底比斯，巩固了他在希腊的地位。之后，他带领希腊人抗击波斯。前334年，亚历山大在格拉尼库斯河一战中击败了波斯国王大流士三世，自此解放了整个小亚细亚半岛。前333年，他又在伊苏斯战役中获胜，将马其顿的统治范围扩大到埃及和腓尼基。前326年，亚历山大在高加米拉战役中彻底战胜大流士三世，占领了整个波斯帝国。亚历山大随后率军继续东征，一直打到印度附近。前322年，亚历山大大帝突然辞世。由于临终前没有指定继承人，在他死后，他的将领们瓜分了这个帝国，在希腊建立了多个国家。◆

**一位被神化的领袖** 当亚历山大大帝穿过伊朗沙漠返回希腊后，要求希腊城邦承认他为神，并要求其征服的臣民在他面前行跪拜之礼，只有斯巴达人拒绝了他的这一要求，而希腊人则指责亚历山大大帝被“东方化”了。

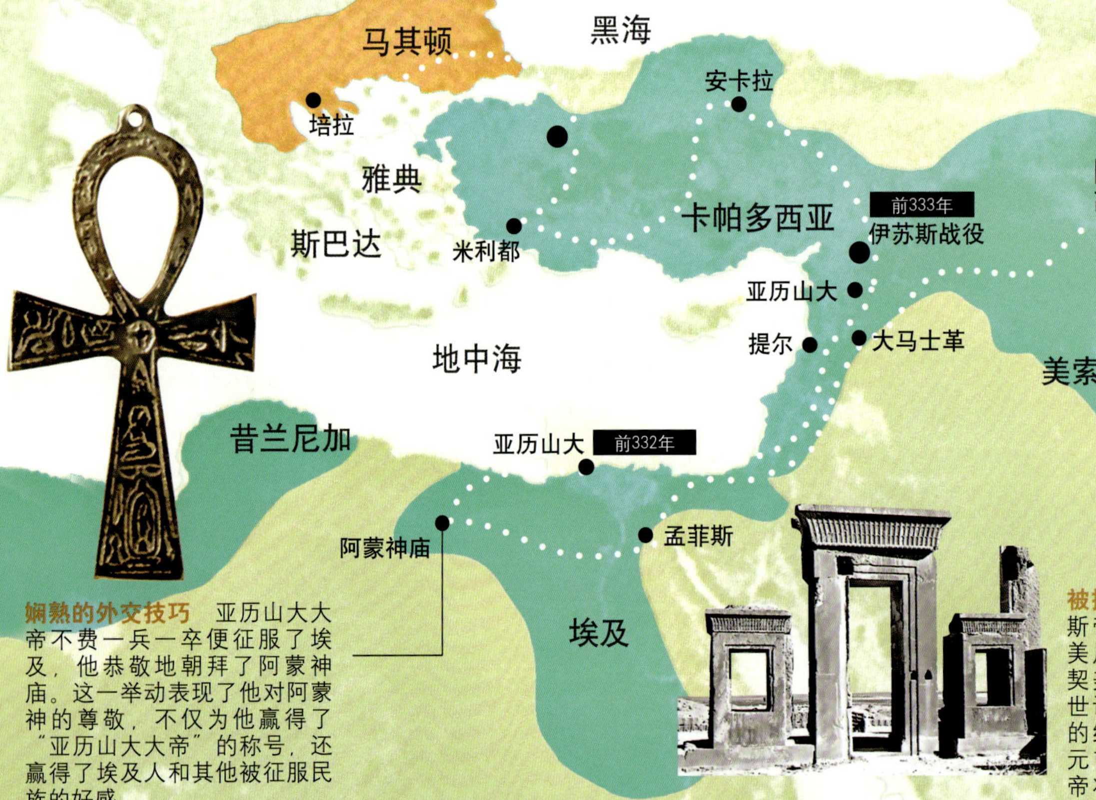


**娴熟的外交技巧** 亚历山大大帝不费一兵一卒便征服了埃及，他恭敬地朝拜了阿蒙神庙。这一举动表现了他对阿蒙神的尊敬，不仅为他赢得了“亚历山大大帝”的称号，还赢得了埃及人和其他被征服民族的好感。

**被摧毁**的波斯波利斯是波斯帝国的首都，也是阿契美尼德皇宫的所在地。阿契美尼德皇宫由大流士一世设计，后被大流士一世的继任者们建造完成。公元前330年，亚历山大大帝将这座辉煌的建筑付之一炬。

## 一个期待“全球化”的梦想家

亚历山大大帝有着深厚的文化底蕴，他梦想建立一个大一统的国家，由一位开明的君主统治。在这个国家，种族差异这一冲突的根源将被彻底消除。他认为，要建立理想中的国度，最好的工具就是希腊的语言、文学和艺术。他的继任者们（即部下和儿子）也都接纳了这个观点。

## 长度超过四米的矛

萨里沙长矛的长度超过四米，是传统矛的两倍。步兵无需近身就可将这种矛刺入敌人的身体，所以配备了萨里沙长矛的马其顿步兵方阵的战斗力大大增强。伊苏斯战役中，亚历山大大帝安排一个配备萨里沙长矛的步兵方阵把守一处狭窄的关口，成功抵挡了大流士三世军队的进攻。这是亚历山大大帝对波斯帝国的致命一击。

### 对士兵无条件的关爱

亚历山大大帝曾以“叛徒”的罪名处决了13名部下，这让他名声受损。然而，亚历山大大帝却是一位十分爱惜士兵，也深受士兵爱戴的军事领袖。通过直接控制军队，亚历山大大帝得以制衡军队高级将领之间的权力。

### 赫菲斯提安将军

他是亚历山大大帝的挚友，公元前324年死于埃克巴塔纳。他的陵墓外形酷似一头狮子，如今仍然保存在伊朗的哈马丹（即古时的埃克巴塔纳）。

### 克利图斯将军

他曾指责亚历山大大帝的傲慢。亚历山大大帝在大醉时杀死了他，但却因此悔恨终生。15世纪出现了以此为创作内容的弗拉明戈表演。

### 克拉特鲁斯将军

最受亚历山大大帝尊敬的将军。亚历山大大帝曾将大流士三世的侄女阿玛斯特里斯赐给他。这幅绘有克拉特鲁斯像的艺术品出土于培拉。

**80 000名**士兵组成的波斯军队，远超亚历山大大帝率领的军队。其中有50 000名是来自希腊的雇佣兵。

**4 125千米** 这是马其顿与比亚斯河之间的距离，比亚斯河是亚历山大大帝东征到达的最远端。

**大象方阵** 海达斯佩斯河会战中，印度国王波拉斯用大象对抗马其顿步兵方阵，这对马其顿人来说鲜有发生。然而，被长矛刺伤的大象却反过来向波拉斯发起猛击。

亚历山大（埃斯哈达）
斯基提亚
亚历山德鲁波利斯
巴克特里亚
亚历山大（塔玛塔）
亚历山大（高加索）
亚历山大（阿里亚）
帕提亚
亚历山大（加兹尼）
布西发拉斯
前327年
亚历山大（普罗弗塔西亚）
亚历山大（阿拉科西亚）
海达斯佩斯战役
前329年
前326年
波斯波利斯
亚历山大（卡尔马尼亚）
亚历山大（奥皮耶纳）
波斯
前325年
亚历山大（马卡雷纳）
帕塔拉
毛利亚帝国
阿拉伯海

**比亚斯河，东征的结束** 历经13年苦战，马其顿军队在印度河的支流比亚斯河前停下了脚步。马其顿士兵拒绝跨过比亚斯河，要求亚历山大大帝返回马其顿。虽然亚历山大大帝对此心怀不满，却也不得不就此停止东征。

## 步兵方阵的进攻方式

步兵方阵由一定数量、排列整齐的士兵组成。军队纪律严明，最前排的士兵手持长矛，队形不能随便散开。这种“刺猬”状的方阵让敌人没有任何可乘之机。除此之外，步兵方阵还有骑兵配合并提供掩护。罗马人也学习了这种方阵战术，将其运用到罗马对外征战的战场上。

1 亚历山大将骑兵安排在步兵方阵两侧，最右侧还安排了一个“独立”的小型步兵方阵。

2 这个小型方阵通过侵袭敌军的左翼达到分散敌军注意力的目的。如图，小型方阵将敌军的左翼冲散，从而打开一个进攻缺口。

3 然后，亚历山大的骑兵袭击敌人的后卫部队并阻止敌人撤退，此时，主力部队就会合力冲锋。

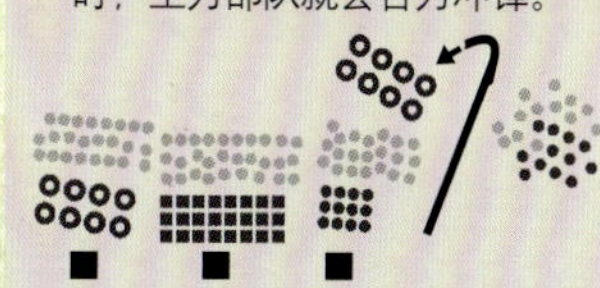

● 敌军　○ 骑兵　■ 主力重装步兵　● 辅助轻步兵

# 社会和日常生活

社会和日常生活

# 民主之钥

古希腊是典型的奴隶制社会。奴隶占总人口的大部分，也是希腊的主要经济力量。虽然雅典实行民主制，但雅典人从未打算废除奴隶制。亚里士多德认为，奴隶制就是让一部分身体强壮的人为其他更上层或更有天赋和能力的人劳作，从而使这些人能专心从事更高级的脑力工作。总而言之，奴隶被视为社会所必需的存在。也正因为如此，亚里士多德认为，野蛮人比希腊人更适合做奴隶。奴隶大多是战俘，少数来源于其他渠道，比如，奴隶市场买卖或因负债变成奴隶等。奴隶一般从事家务劳作，包括普通的家务或与儿童教育相关的工作。更艰苦的工作大多与生产有关，特别是生活条件极为恶劣的采矿业。大多数城市居民可能有一两个奴隶，他们通常把奴隶当作家仆使用。中产阶级家里会有更多的奴隶。值得一提的是，苏格拉底称他有五个奴隶，亚里士多德称自己有七个奴隶。

## 小土地所有权

城邦中有相当数量的市民是农民或土地所有者。这些人经济独立，能自主购买重装步兵所需的武器装备（剑、盾、胸甲、护胫、头盔和长矛）。希腊民主制度的产生和这类市民阶级有着非常密切的关系。地主和商人这两个十分重要的社会群体控制着城邦经济中相当大的一部分利益。相反，许多来自外邦的人（外国人）则无法享受公民权。

纵观希腊历史，为争夺土地而爆发的武力冲突，以及为反抗占有土地的寡头而爆发的农民起义数不胜数。各个城邦国家用各自不同的方式解决这些问题。一些通过立法对土地进行再分配，保障公民政治平等；另一些则恰恰相反，由地主阶级继续掌握特权。由此出现了最早实施民主制度的城邦，其中最典型的代表就是雅典。雅典最初的社会政治结构是由原来的氏族贵族构成的，后来的《德拉古法典》规定，每个氏族部落派出一百个代表组成四百人会议，行使国家权力。公元前6世纪，梭伦上台后开始了大刀阔斧的改革，改革内容涉及经济、社会、

❖ **荣耀与战争** 图为公元前490年的一尊描绘受伤垂死士兵的雕像，发现于埃伊纳岛（阿法埃娅神庙）。埃伊纳岛是位于希腊萨罗尼科斯湾的一座小岛。公元前7世纪时这座小岛为古代商业中心。

❖ **女神柱像门廊** 这六根女神柱像位于厄瑞克忒翁神庙的两侧。厄瑞克忒翁神庙位于雅典城内，很可能是刻克洛普斯的陵墓。

❖ 护身符　公元前4世纪制造的陶盆，盆底绘有爱神厄洛斯靠近一位年轻的皮媞亚（古希腊对阿波罗神女祭司的称呼）的情景。

政治等各方面，为雅典日后的繁荣奠定了基础。改革的主要措施包括：废除在农村变得越来越普遍的债务奴隶制；为防止土地过于集中，解除农民对氏族贵族的人身依赖关系；最后取消不公平的税收和抵押制度。公元前527年，僭主庇西特拉图被逐出雅典，克里斯提尼上台后实行了新的重大改革：从组织上重新划分地区部落，保证新的地区部落里都有穷人和富人；建立并授权给五百人会议。五百人会议由十个地区部落各选五十人组成。五百人会议选举产生十将军委员会，委员会由十个地区部落各选一名将军组成，一年一任，十位将军负责管理城市和军队。至此，古代最负盛名的民主政治已经成为现实。

## 寡头制与僭主制

其他城邦仍维持原有的寡头制，城邦内部的冲突也未曾停止。在这些城邦中，斯巴达是最为典型的寡头政体。公元前2世纪末期，多利安人举兵南下，迫使当地土著居民服从自己的统治。公元前8世纪，斯巴达人侵邻邦美塞尼亚，将美塞尼亚人变为奴隶，称之为希洛人。从此，斯巴达社会被精英阶层所控制。为了维护专制统治，斯巴达内部通过民主方式划分土地。根据传说中的立法者来库古制定的法律，斯巴达将土地平均分配给斯巴达公民，每人都能分到一块地和几个希洛奴隶。在斯巴达控制的原美塞尼亚和拉哥尼亚区域，土地仍由成为希洛奴隶的土著人耕种。从这一点来看，斯巴达的寡头政治不太像古罗马时期的奴隶制度，反而更像中世纪的封建领主制度。

僭主们在政治经济事务方面滥用权力，最先出现的僭主政治原则很快就被腐化。尽管如此，根据前述内容，我们仍然可以得出结论：君主专制对古希腊的政治发展起到了非常积极的作用。无论如何，僭主政治依然在极少数公民内部实现了平等，具有“有限的公民平等”特征。但是，僭主政治将城邦的绝大多数人排除在外，包括应该吸收但并未吸收进来的妇女群体。在古希腊，妇女被隔离在政治之外，被禁锢在同性的狭窄圈子里。通常情况下，她们也没有参加公民活动和节日的权利。

## 比雷埃夫斯港

❖❖❖

比雷埃夫斯港并不是雅典的第一个港口。雅典人最早使用的港口是多沙的法里罗港。从雅典城远眺，即可看到法里罗港。后来，庇西特拉图的儿子希庇亚斯（Hipias）主持建造了比雷埃夫斯港工程，加固了穆尼基亚（港口附近的陡峭山丘）的防御工事。后又在地米斯托克利的主持下，雅典人建造了连接雅典城和港口的城墙。公元前494年，地米斯托克利当选执政官，下令建造200艘三列桨座战船，组建雅典舰队，成功阻挡了之后波斯军队的入侵。劳里昂银矿是“雅典的银库”，为城邦带来了巨大收入。雅典用这笔钱发展海军并进行港口建设。比雷埃夫斯港分为三部分：坎塔罗斯是军港；赛亚是重要的商业港口区，来自埃及的谷物就在这里卸货；穆尼基亚则是军事防御区。在比雷埃夫斯港的黄金时期，它是古希腊最大的港口，拥有约6 000常住人口，港口码头有数百艘船停靠。雅典在伯罗奔尼撒战争中战败后，前404年，比雷埃夫斯港的防御工事被斯巴达的利桑德罗摧毁。

❖《荷犊的男子》　古希腊古风时期雕像，出土于雅典卫城的一个雕刻作坊，由罗伯斯（Rhombos）所作，描绘一位男子肩扛一头小牛犊。根据雕像底座的描述，男子正将小牛作为贡品奉献给神祇。

## 女性的遭遇

古希腊时期的女性被完全排除在政治生活和公共生活之外，她们好像在城邦中没有发挥一点作用。妇女所扮演的主要角色仅是在家中处理家务。除了个别宗教节日活动，她们不能参加任何宴会和公共游行活动。尽管如此，古希腊的女性依然受到法律的保护，她们的嫁妆也能保证其一生衣食无忧。寡妇和年迈的女性还会受到特别保护。无论男女，只要有通奸行为，都会遭到严厉惩罚。强奸罪和引诱他人性犯罪会被严惩。当然，个别女性也会赢得公众的一致赞赏，并享有相当大的自主权，比如，来自维奥蒂亚的芙留娜，她曾是雕塑家普拉克西特列斯创造《尼多斯的阿芙洛狄忒》时的模特。还有一些女性在其他领域也颇负盛名，比如，莱斯沃斯的女诗人萨福和米利都的演说家阿斯帕西娅。阿斯帕西娅曾与雅典执政官伯里克利相识，甚至对他所做的决策产生影响。在伯里克利执政期间，阿斯帕西娅对雅典的政治、文化都产生了深远影响。值得我们注意的还有一些女性为争

取女性独立而做出的斗争，如雅典政治家阿尔西比亚德斯的妻子希帕里特和剧作家阿里斯托芬笔下的人物利西翠妲。利西翠妲曾率领雅典女性同胞集体罢工，甚至发动男人与女人之间的战争。

## 锡拉库萨的巅峰时期

科林斯人最早到达锡拉库萨，并在此建立了城邦。阿尔奇亚斯是当时一支重要舰队的长官。公元前734年，他在此登陆，从此开辟了一个商业时代。锡拉库萨由此成为当时最大的商业中心。人们认为，锡拉库萨的名称来自古风时代的术语“siraco”，意思是“沼泽地”。后来，古希腊人还在岛上建起其他城镇，如阿克莱城和卡斯门尼城。公元前6世纪初，锡拉库萨由最初定居者的后代，一个名叫“伽莫洛伊”的贵族群体统治。前486年，这里爆发了一场平民起义，贵族纷纷外逃。后来，希腊城邦盖拉的国王希波克拉底借助贵族的力量，在赫洛拉斯河击败锡拉库萨人，占领了这座城市。科林斯和科孚岛的干预促使当地实现了公正和平，但是一年后，盖拉的希伦一世再次占领锡拉库萨，重新建立了“伽莫洛伊”政府，并宣布自己为独裁者。不久后，前465年，锡拉库萨建立了民主政权，并成为一个重要的商业中心。

## 教育

古希腊没有形成一个固定统一的教育体系，许多城邦都有自己独特的教育传统。在斯巴达，国家实行全面的单纯军事化教育，重点是让公民全力以赴投入军事训练以备战争的不时之需。在青春期以前，斯巴达儿童，无论男女，都要向老师学习体操，并参与其他活动。待这些孩子度过青春期后，男女接受的教育便会有所不同。成年男性将接受更为严格苛刻的军事训练，遵循严格的纪律和法律；成年女性则负责照管家务，她们的社交活动受到严格的限制。

在科林斯、底比斯或雅典等城邦，尽管没有公共教育系统，但国家实际上

❖ **金银工艺** 公元前2世纪制造的金耳环，属于亚历山大风格，具有希腊化时代的典型特征。

会负责教育在战争中丧生的公民的子女。这些城邦的共同之处在于，每个家庭都有一个家庭教师，负责子女的教育。一般来说，这位家庭教师很可能是奴隶，但是，最穷的家庭被排除在整个教育系统之外。在教育启蒙阶段，希腊儿童一般只学习文字书写、背诵《荷马史诗》（包括《伊利亚特》和《奥德赛》）中的片段，以及算术、音乐和舞蹈。到了8–10岁，孩子就开始学习体操。希腊人极力追求人体美和灵魂美的协调统一。在希腊文化里，身体十分重要，因此，每个学生都要在专业教师的指导下学习。直到5世纪，雅典都不存在任何形式的高等教育。但随着民主制度的发展，出现了一批诡辩家，雅典的辩论和演讲艺术发展到了极高的水平。在古典时期，哲学家拥有很多追随者，还会与年轻人的父母达成协议，成为年轻人的老师，并由此与年轻一代建立了非常亲密的关系。

## 休闲娱乐

由于奴隶负责所有体力劳动，古希腊城邦公民可以在公共浴池和柱廊（长长的门廊）休闲交谈，在这里度过大部分时光。后来，这种生活方式成为市民社会生活的重要组成部分。音乐和戏剧表演也是所有人闲暇时的重要娱乐方式。为此，古希腊人还专门建造了各种建筑，如剧院和音乐堂。但在雅典等城市，最受公民喜爱的活动是在公共场所举办的政治活动。古希腊还有许多纪念众神的节日，届时会有专门的仪式和庆祝活动。这些节日活动通常会持续数日，为公民生活增添不少乐趣。

❖ **古典主义** 这是一尊雅典年轻女性的大理石雕像，其创作时间可以追溯到公元前5世纪，是古希腊“黄金世纪”古典主义的代表作。

富裕人家会不时参加宴会。柏拉图和色诺芬用文章记录下了这些宴会的场景，使其流传于世。宴会上，主人常常备下美酒佳肴，安排美丽的交际花朗诵诗歌、纵情歌唱，还有吹笛女（古希腊专门演奏长笛的人）吹奏长笛助兴，宾主尽欢。相比之下，女性——无论是本地人还是外邦自由人——都不能参加这些宴会。她们只能积极参加公共节日和其他仅限女性参加的非常多样和广泛的活动，如酒神节和著名的“埃琉西斯祭仪节”。在上述专属于女性的节日里，所有女性聚在一起，无论年纪大小，也不必再面对男性审视的目光，她们尽情饮酒、享受美食，说些姐妹之间的玩笑话，在短暂的欢乐时光中享受一种超出日常的自由。

## 宗教生活

对古希腊人来说，宗教是他们民族身份的主要特征之一。因此，那些举办过纪念众神节日活动的宗教圣殿就成为希腊真正的中心。对古希腊人来说，这些地方不仅仅是他们祭拜众神的场所，还是他们娱乐、社交、交换个人观点、举办和观看体育竞技、享受戏剧和音乐的好地方。

每个城邦都有其独特的信仰和专属的保护神。这些保护神最终往往会演变为城邦传说中的最初的创建者。所以，雅典娜女神可以是希腊人民共同信奉的神祇，但她却只是雅典的保护神。雅典的帕特农神庙内有专门供奉雅典娜的神庙，雅典人为纪念她还专门举办了泛雅典娜节。节日庆祝活动会持续15天，其间举办众多巡游、竞技和宴会活动。

## 古希腊民主和东方专制主义

小亚细亚海岸见证了爱琴海地区一些最辉煌城市的诞生。它们是古代世界重要的政治、经济和文化中心。米利都是古希腊最繁忙的港口。哲学家泰勒斯就在这里出生，前苏格拉底哲学相当重要的一部分也发端于此。但在公元前6世纪，波斯国王居鲁士二世占领了这座城市和其他城邦，结束了东地中海数百年的相对和平。在居鲁士之后，冈比西斯和后来的大流士一世都在以前爱奥尼亚人的领土上建立了行省，将东方专制主义强加在希腊这个习惯于另一种社会体制的民族身上。古希腊实行民主制，虽然从来没有建立起一个统一的国家，甚至直到两千多年以后才实现政治上的统一，但是，他们知道自己属于同一个民族。他们拥有统一的语言，更重要的是都实现了自治。不久后，米利都爆发起义，抵抗波斯的专制统治，起义者得到了雅典的支持。大流士再次镇压了起义，并决定制裁敢于声援的雅典。公元前491年，大流士率领波斯军队在阿提卡登陆，但在马拉松一战中被雅典击败。十年后，薛西斯一世重整旗鼓，率领波斯舰队进攻雅典。雅典人弃城而逃，穿越大海抵达埃维亚岛。雅典人从岛上看到波斯人将雅典洗劫一空又纵火焚城的景象。但是，在萨拉米斯海峡，执政官地米斯托克利彻底摧毁了波斯舰队，为雅典赢得两个多世纪的和平。

❖ **萨拉米斯海战** 浪漫主义绘画作品，描绘了希腊海军击败波斯入侵者的场景。

# 公民与奴隶

奴隶制是古希腊繁荣发展的决定性因素。古希腊人认为，奴隶制不仅不可替代，还应该顺其自然存在下去，甚至斯多葛学派和早期的基督徒也未对其有过质疑。亚里士多德从哲学的角度论证奴隶制度存在的合理性，否认奴隶作为人的事实。奴隶没有自己的活动，更准确地说，除了政治活动，奴隶可以用来完成一切工作。在古希腊，只有城邦公民才能参与政治。事实上，对古希腊人来说，政治是他们所参加的诸多城邦活动中唯一体面的活动，而体力劳动则更应该交给那些不具有公民身份的人来做。◆

奴隶中最被看重的是那些有一门手艺的人，如金银匠（上图是一个雕工精致的黄金杯）。

一个雅典墓穴出土的石碑，上面刻有一名甲兵的形象

## 阿格拉广场

阿格拉广场相当于今天城市中心的公共场所，是古希腊民主的象征。古希腊人在这里举办充满激情的演讲和论辩，决定与城邦有关的一切重大事项。但是，只有城邦公民才能参加这种民主活动，以奴隶为主的非公民群体无权参与。因此，古希腊的民主其实是一种不允许城邦全体居民参与的、理想化的政治体制。

❖ 卡尔多城邦的阿格拉遗址，位于今天约旦安曼市北部的杰拉什。

## 战争

古希腊主要劳动力——奴隶的重要来源是战俘。据古希腊历史学家、雅典十将军之一的修昔底德回忆，雅典将军尼西亚斯俘虏了 7000 名来自西西里岛的希卡拉人，并以每人 120 塔伦托（古希腊货币单位）的价格将这些战俘卖给了希卡拉的邻邦卡塔尼亚。公元前 348 年，奥林托斯战败，大量居民变成奴隶，城邦人口锐减。然而，并不是所有古希腊人都愿意将战俘变成奴隶。一些希腊将领甚至反对这种奴隶形式，如斯巴达将军阿格西劳二世和马其顿将军卡山德。

**智慧** 从这枚雅典银币上所刻的图像可以看出，雅典人认为，常伴帕拉斯·雅典娜的猫头鹰是智慧的象征。因为荷马在提到雅典娜时总是会赞美它有着一双“能够在黑暗中洞察一切”的眼睛。智慧，是城邦公民留下的宝贵财富。

## 贸易

奴隶贸易主要发生在古希腊和其他“野蛮”邻邦之间，比如，色雷斯人、斯基泰人和其他一些来自亚洲和非洲的民族。古希腊人对奴隶来自何方的态度颇为谨慎。例如，色诺芬曾建议城邦不要吸收太多来自于同一民族的奴隶，否则可能出现奴隶暴乱。但另一方面，城邦又非常需要有一定技能的免费劳动力。劳里昂银矿的一个奴隶矿工大约价值 180 德拉克马。古希腊政治家狄摩西尼的父亲拥有一家制造刀具的作坊，作坊中专门制作刀具的奴隶每个价值 500 德拉克马。

❖ 古希腊双耳细颈小底瓶，瓶上绘有一个贩卖橄榄油的商人

## 外国人

外国人指的是居住在雅典，经许可从事一定商业和贸易活动的外邦人。梭伦改革规定，在某些情况下，出于商业活动需要，城邦可以允许这些外国人拥有奴隶。当然，一旦他们拥有了自己的奴隶，他们需要缴纳的税款也会增加。

**教仆** 在古希腊，女性大多时候都只能待在家中，负责料理家务、照管孩子。丈夫不在家时，一般会有一个奴隶负责照顾她。这个奴隶也负责照顾孩子，因此又被称为"教仆"（右图是古希腊古风时期典型的女性雕塑）。

**女性** 未婚女子一旦失贞，她的监护人有权将她作为奴隶出售。

**《荷犊的男子》，这座雕像由一整块大理石板雕刻而成，是古希腊人献给神的贡品**

## 《荷犊的男子》

这座雕像描绘的是一位男子肩扛一头小牛犊。根据雕像底座的描述，这是由罗伯斯塑造并献给帕拉斯·雅典娜的贡品。作品出土于古风时期雅典卫城一个外国人开设的雕刻作坊，由作坊主和几个奴隶共同制作完成。由于需要在同一块大理石上雕刻两个形象，且作品中的男子和动物的关系塑造得非常密切，这说明，制作这座雕像的奴隶有着很高的艺术水平。

**债务** 城邦公民很可能因为背负巨额债务而成为他人的奴隶。梭伦的改革废除了债务奴隶制，禁止自由公民以人身作为债务抵押。

## 独特的民主

亚里士多德认为，奴隶主可以惩罚奴隶，但也应该警告并每天反复提醒他必须满足三个前提条件才能活下去。这三个条件分别是：工作、纪律和食物。色诺芬认为，奴隶是奴隶主家养的动物，奴隶主可以根据其表现，对他们进行惩罚或给予奖励。因此，古希腊历史上曾爆发如此之多的奴隶反抗斗争也就不足为奇了。例如，公元前404年，墨西拿发生了奴隶起义，最后被雅典镇压。

❖ 狄摩西尼在雅典公民大会（民主的象征）上发言的场景

# 专制与自由

僭主是古希腊统治者独有的称号，指不是通过公民选举，而是通过暴力手段夺取政权的独裁者。古希腊僭主政治产生于公元前6世纪，一直持续到希波战争期间。和人们想象的不同，僭主们往往是在人民的支持下才坐上权力宝座的。平民和自由人当中的底层阶级（只包括男性自由民，不包括妇女、奴隶和希洛人）是僭主的主要支持者。当贵族和寡头不再掌握政权时，僭主就出现了。实际上，僭主政治还是古希腊政治向民主衍化的过渡阶段。庇西特拉图及其后代希庇亚斯和希帕克斯（Hipparchus）曾在雅典建立僭主政体，实施专制统治。僭主政体解体后，克里斯提尼当选执政官，实施了一系列民主改革。◆

一尊古风时期创作的猫头鹰雕像。女神帕拉斯·雅典娜是雅典的守护神，她的猫头鹰被认为是其动物形象的化身。

## 梭伦改革

在梭伦改革期间颁布了一系列法律，为雅典的民主制度奠定了基础。事实上，直到今天，这些法律依然被认为是关于政治秩序最优秀的判例之一。因此，梭伦这位雅典立法者被视为古希腊的七大贤哲之一。他限制了寡头的权力，让公民成为影响政治活动的决定性因素。当然，奴隶、妇女和外国人不在公民范畴之内。

“梭伦正在说服雅典的智者们同意进行政治改革”，法国画家诺埃尔·夸佩尔创作的油画。

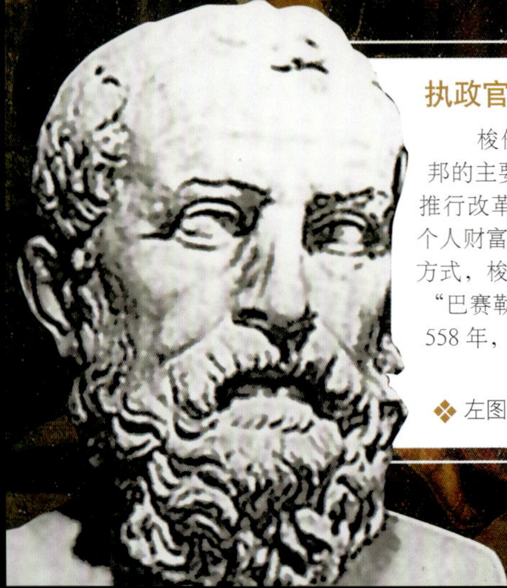

## 执政官梭伦

梭伦于公元前640年出生于雅典，后当选为古希腊城邦的主要政治领导者，即执政官。上台不久，梭伦就大力推行改革，为后世雅典的民主制度奠定了基础。梭伦依据个人财富（而非出身）将城邦公民分为四个等级。通过这种方式，梭伦成功地削弱了贵族阶级的权力。贵族来自世袭的“巴赛勒斯”（古希腊统治者的称谓）或者国王的家族。前558年，梭伦逝世于塞浦路斯。

❖ 左图是梭伦的半身像，右图是城邦公民用于投票的“陶片”

## 伯里克利精神

伯里克利（约前 495– 前 429），曾任雅典军事长官和政治长官，师从克拉佐美尼的哲学家阿那克萨戈拉和埃利亚的哲学家芝诺。他是雅典民主政治的领袖，雅典民主制度在其任期内达到了顶峰，文化领域异常繁荣。伯罗奔尼撒战争爆发后，他被废黜，并处以巨额罚金。后来，伯里克利再度当选，但不久后就被雅典大瘟疫夺去了生命。

❖ 一枚公元前5世纪的银币，上面刻有伯里克利头像

**雅典的法律** 在梭伦改革前，雅典的法律是由德拉古制定的。德拉古的法律以严酷著称，主要内容在于维护"贵族"的利益。

**古希腊七贤** 相传，为了让有关改革的提议能够顺利通过，梭伦说服了古希腊七贤除他之外的其余六位。他们是：米利都的泰勒斯、斯巴达的奇伦、米提利尼的庇塔库斯、普南城的毕阿斯、林都斯的克莱俄布卢和科林斯的佩里安德。

**希帕克斯** 他和哥哥希庇亚斯于公元前 527 年至公元前 514 年共同统治雅典。在其任期内，希帕克斯下令整理编撰《荷马史诗》，还在雅典修建了一座图书馆。后来，他被雅典贵族哈莫迪乌斯和阿里斯托格顿暗杀身亡。

**五百人** 这是雅典公民大会的公民代表人数。梭伦通过宪法改革确立了这一制度。

## 庇西特拉图的僭主统治

僭主庇西特拉图（前 600– 前 527）是雅典人民的军事领袖。他深受雅典底层民众的拥护，更重要的是，他获得了经常和小亚细亚地区有贸易往来的商人群体的支持。因此，公元前 560 年，庇西特拉图夺得了雅典政权。但他在随后的雅典贵族阶级和民主阶级的斗争中被废黜。前 545 年，他再度执掌政权，直至去世。

❖ 用来混合水和葡萄酒的双耳杯，制作于僭主庇西特拉图执政时期

# 古希腊人的住宅

古希腊人的住宅一般围绕着一个宽敞的中央庭院修建。相比于个人生活，古希腊人更注重公共生活，因此，城市里的建筑也是围绕阿格拉古广场或者一块公共区域而建。人们常常聚集在这片公共区域，对某件事发表自己的观点，或展开辩论，最后做出决定。希腊化时期，城市中心广场作为实现民主的舞台的重要性逐渐下降，由此出现了一种新的城市布局和住宅结构。普通民宅所代表的领域（即家庭）和城市中心广场所代表的领域（即社会）之间常常发生冲突，引发惨烈的悲剧，比如，古希腊悲剧作家索福克勒斯在《安提戈涅》中描绘的场景。古希腊的房屋大多是土坯房，通常质量一般。◆

**贵族的房间** 统治阶级居住的房屋一般构造完整，格局开阔。

**装饰** 与富丽堂皇的公共建筑不同，普通住宅十分简朴。但是，古希腊人喜欢在家里的墙壁上悬挂壁毯或描绘壁画，尤其是那些关于宗教主题的作品。通常，某位神祇的圣地附近都会建有民宅。

**卧室** 虽然古希腊民宅有多间卧室，但其用途不限于睡觉。事实上，床（一种木质结构的家具上盖有羽毛或者羊毛做的垫子）也被古希腊人在聊天时当作椅子使用。

**卫生间** 古希腊人并不忌讳在公共浴室沐浴。家家户户都有一个类似现代卫生间的设施，里面有一个搭配木制座椅的容器（由黏土制成），以及一个小水箱。这些都由奴隶负责打理。水箱的水会直接引入浴缸。古希腊人喜欢泡澡，女性尤其喜爱盆浴。

**长板凳** 有些劳动需要到特定的场所进行，有些则可以在家中完成，譬如纺织。这类工作一般由仆人完成。房子的主人会提供木制长板凳，供仆人累的时候休息。

**古希腊典型的房屋示意图**

## “家庭”

“家庭”属于贵族阶级，是古希腊大多数城邦国家社会的基本组成单位，由最年长的男性主事。所有家庭成员和仆人居住在一起。规模较大的“家庭”还有自己的田地，一般由奴隶负责照料打理。虽然古希腊社会是父权社会，不过“家庭”内部事务却是由女性成员负责管理。特别值得注意的是，“经济”一词来源于古希腊语“家庭管理”，这个词特指女性对家庭的管理。

**屋顶** 先在木梁上铺一层厚厚的细茎针茅叶子，再覆盖一层简陋的瓦片，富贵一点的人家还会铺上石板。

**主卧** 主卧只能由一家之主使用。主卧的档次要比其他房间高，装饰更豪华，家具的舒适度和质量比其他房间都好。只有主人信任的女仆才能进入主卧打扫整理。

**大门** 为木制的，门闩的作用只是使门保持关闭状态。门的上方有一个小的突出物，用来遮阳或挡雨。

**仆人** 每家都有专属于仆人的房间，有的供其居住，有的是为了让他们在特定地点完成特定的工作或任务。总的来说，家庭内女仆居多。男仆一般在男主人前往公共场所时才会跟在一旁，帮助他们解决一些个人需求。

**子女** 主人家的子女一般在学校或学院接受教育。仆人的子女没有机会接受教育，只能留在家里协助父母劳动。

**墙壁** 在古希腊，用砖石和灰泥砌墙的住宅很少，且那一般都是富贵人家的房子。大部分住宅都是普通公民的房子，样式简单，质量较差，很不结实。

# 派代亚（人文教育）

古希腊人十分重视青年教育。当然，女性、外邦人和奴隶不在接受教育的群体之内。虽然古希腊存在多种不同的教育流派，各个城邦国家都有自己的教学方法，但教育的核心目的，即古希腊语中的“派代亚（paideia）”（人文教育），都是为了让青年人得到完整而充实的教育，使其可以在增强体质的同时，提高精神境界。所有知识和艺术审美，以及一切身体锻炼和体育运动，都是为了让年轻人能够全面发展。对古希腊人来说，这样的设计可保证青年人逐渐成长为一个了解城邦命运并对此具有强烈责任感的公民。◆

公元前5世纪时古希腊人上音乐课的场景图。

## 淬炼身体

古希腊人一般相信，即使人的肉体死亡，他的灵魂仍将长期存在。但肉体是灵魂的载体，如果一个人在活着的时候身体勇武有力，那么，在他死后，灵魂在冥界也会占有一定优势。因此，体操是古希腊青年人教育中最重要的课程之一。

一尊古希腊双耳细颈小底瓶，上绘古代战斗场面

**亚里士多德** 亚里士多德认为，人的美德比外在美更加重要。他曾担任亚历山大大帝的老师。他在著作《尼各马可伦理学》中提出，道德是政治充分发展的基础。

## 柏拉图的建议

柏拉图主张在室外授课。他会把学生分成几个小组，通过持续对话的方式启发、教育他们。他认为，老师的作用不仅仅是传播知识，更重要的是通过教育培养和锻炼儿童的思维能力。与其说教育家是知识的传播者，倒不如说是引路人。此外，柏拉图认为，艺术教育对人同等重要，有利于培养人们良好的道德习惯。柏拉图认为，在现实世界之上有一个超感官的理念世界，好的教育可以帮助青年人在他的思想世界“记住”那些好的想法。因此，最好的老师必须是一位哲学家、一位卓越的思想者。

❖ 一幅描绘柏拉图学院场景的古罗马马赛克镶嵌画

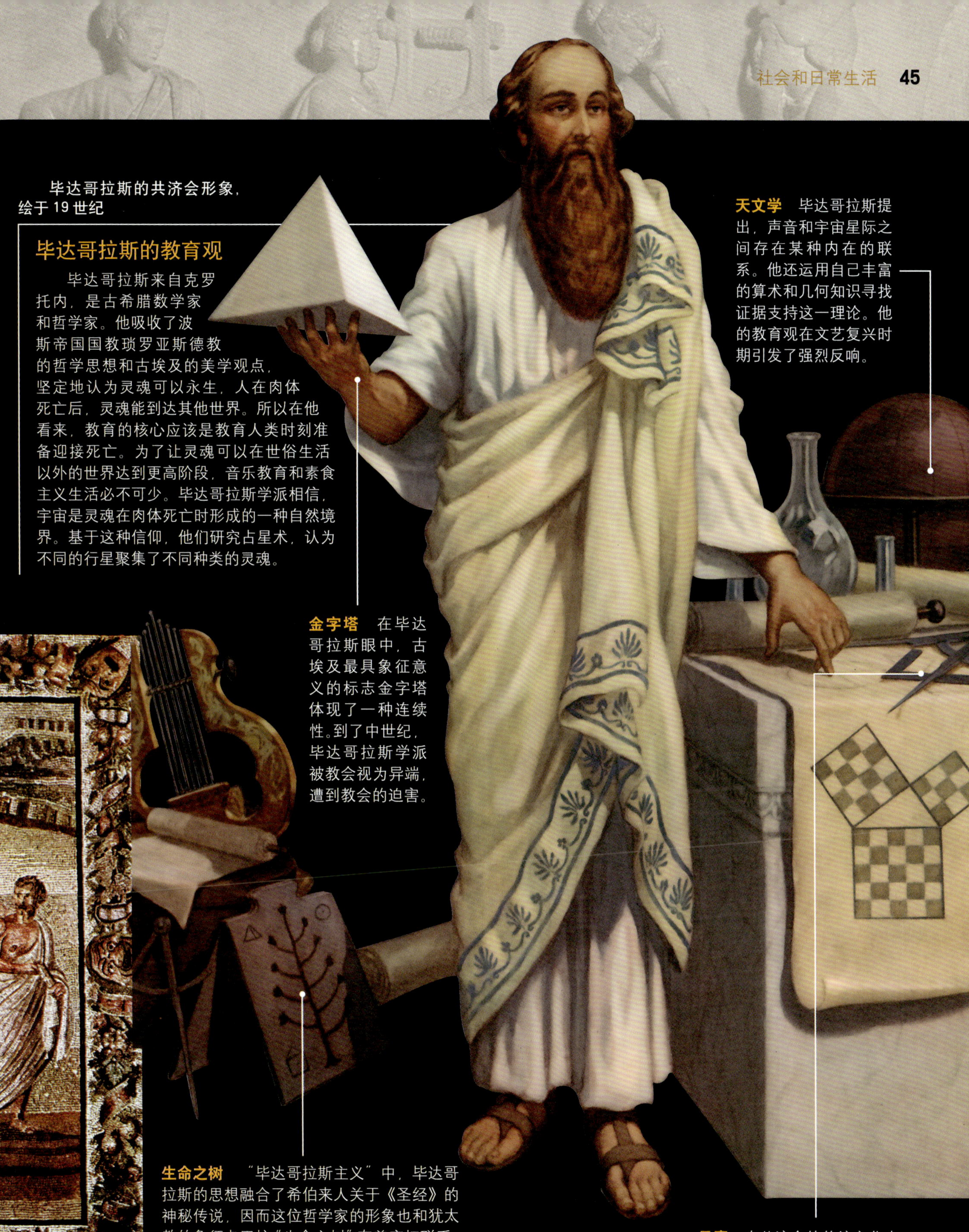

毕达哥拉斯的共济会形象，绘于 19 世纪

## 毕达哥拉斯的教育观

毕达哥拉斯来自克罗托内，是古希腊数学家和哲学家。他吸收了波斯帝国国教琐罗亚斯德教的哲学思想和古埃及的美学观点，坚定地认为灵魂可以永生，人在肉体死亡后，灵魂能到达其他世界。所以在他看来，教育的核心应该是教育人类时刻准备迎接死亡。为了让灵魂可以在世俗生活以外的世界达到更高阶段，音乐教育和素食主义生活必不可少。毕达哥拉斯学派相信，宇宙是灵魂在肉体死亡时形成的一种自然境界。基于这种信仰，他们研究占星术，认为不同的行星聚集了不同种类的灵魂。

**天文学** 毕达哥拉斯提出，声音和宇宙星际之间存在某种内在的联系。他还运用自己丰富的算术和几何知识寻找证据支持这一理论。他的教育观在文艺复兴时期引发了强烈反响。

**金字塔** 在毕达哥拉斯眼中，古埃及最具象征意义的标志金字塔体现了一种连续性。到了中世纪，毕达哥拉斯学派被教会视为异端，遭到教会的迫害。

**生命之树** “毕达哥拉斯主义”中，毕达哥拉斯的思想融合了希伯来人关于《圣经》的神秘传说，因而这位哲学家的形象也和犹太教的象征卡巴拉“生命之树”有着密切联系。毕达哥拉斯认为，培养青年人敏锐的直觉和对超感官事物的感知能力十分必要。

**元素** 在共济会的传统文化中，曲尺、分规和其他几何学工具是具有强烈意义的象征性符号。

# 古希腊军队

古希腊哲学家赫拉克利特曾写道："人民应当为城邦的法律而斗争"。这就意味着，在古希腊，虽然城邦公民人人重视政治参与，但并不代表他们不接受战争。相反，他们把战争融入了政治，使其成为政治的一部分。《荷马史诗》这一颇具神秘色彩的作品就是我们探究整个古希腊文化的很好的参考，而史诗中的记载也证明了这一点。据记载，战争不仅渗透到亚该亚人和特洛伊人的生活之中，还存在于奥林匹斯山上的众神之间——诸神常常会为其中一方或另一方而战。◆

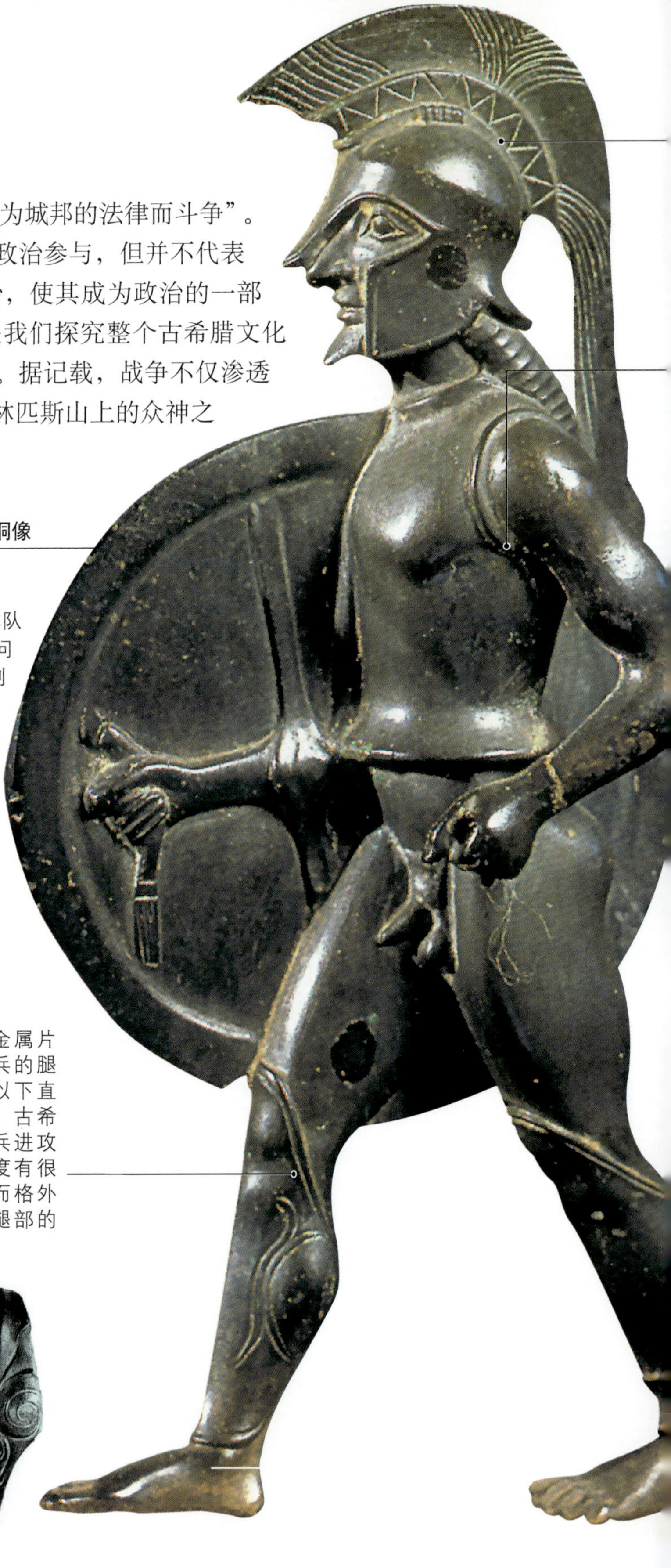

一尊雅典士兵青铜像

## 理性的力量

与完全军事化的斯巴达不同，雅典拥有一个专业的军队机构，不受公民社会的控制。在众多雅典人十分关心的问题里，其中之一就是如何避免军事力量对政治的干涉或制约，让政治只受理性（即著名的"逻各斯"）的支配。在伯里克利执政时期，按照当时的民主制度，虽然允许军人参与政治决策，但其只能以公民的身份而非军人的身份参与决策。

## 战争的策略

用两米长的长矛代替一米长的投掷标枪，这是古希腊人的一大军事创举。军事策略也由此发生了变化，从以往的只能定点攻击变成可以大规模集群推进攻击。

1 **步兵方阵** 长矛兵团在方阵的最前方，率先发起攻击，其定位如同今天的装甲兵。长矛兵团的两侧是弓箭手和战车。

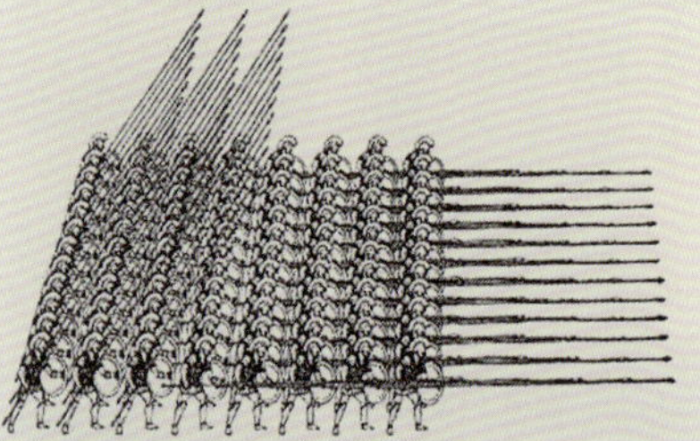

2 **战术** 各种战术的主要目的是在敌军阵地撕开一道口子，让战车和步兵由此进入敌军内部。

3 **战斗** 尽管《荷马史诗》中描述了许多英雄的传奇故事，但古希腊人依然认为，战争是由整个军队而不是个人完成的。

**胫甲** 由多个金属片缀成，裹在士兵的腿上，保护膝盖以下直到脚腕的部位。古希腊人对重装步兵进攻和撤退时的速度有很高的要求，因而格外重视对士兵的腿部的保护。

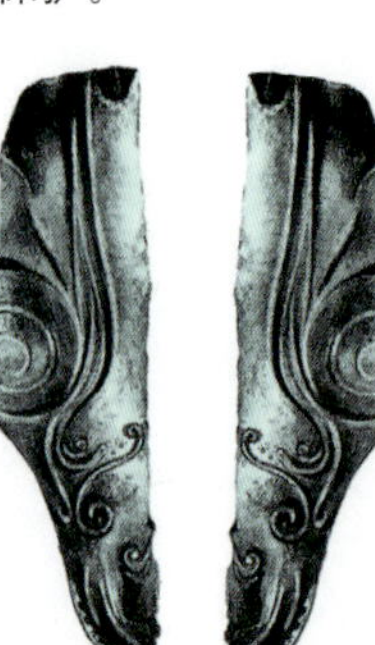

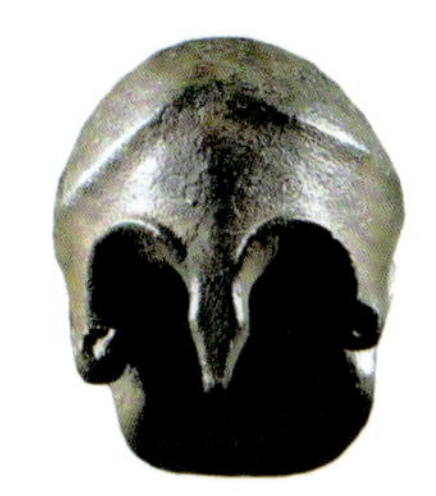

**头盔** 体现了古希腊军队鲜明的等级色彩。带有羽冠的金属头盔或者羽毛制的头盔是军官专属的头盔，而普通士兵只能戴简陋质朴的头盔。

**胸甲** 反映了古希腊人在行军作战时遇到的一大难题：要保护士兵的生命，就要降低行动的灵活性和速度。所有古希腊士兵只有在孤立无援、个人作战时，才不得不脱掉盔甲。

## 战术的"合理性"

希波战争反映了古希腊人军事科学发展的最高水平。波斯人相信，战斗获胜的关键在于数量上的优势（定量标准），而古希腊人则相信努力的合理性（定性标准）。古希腊的方阵军队打败了敌人成排的士兵，最终波斯撤退。当波斯人试图弥补战线正面被撕开的口子时，军队的两翼又被削弱，与此同时，古希腊的战车和重装步兵团能够在重重包围中继续挺进。

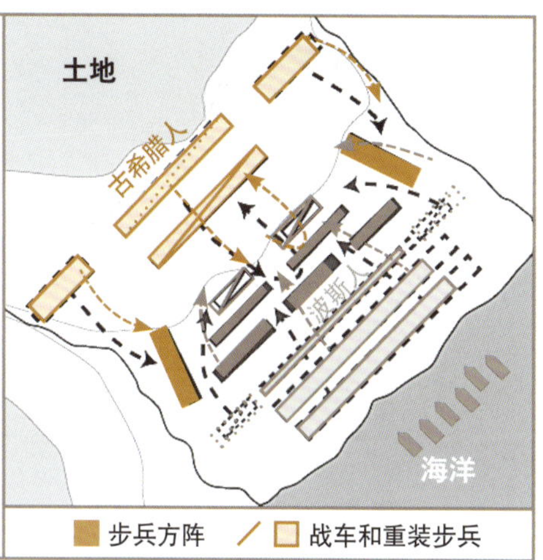


**弩机** 于公元前4世纪由锡拉库萨人发明，与扭绞绳索配合使用，可以发射弩箭，以及投掷不同重量的石块和燃烧物。

## 英雄阿喀琉斯

阿喀琉斯因在战斗中行动迅猛而被称为"健步如飞的人"。他骁勇善战，被古希腊人视为杰出的英雄。荷马在《伊利亚特》中认为他是特洛伊战争中一个独一无二的人物，他的身上融合了勇气与伟大的爱和深刻的友情。阿喀琉斯与亚该亚国王阿伽门农发生争执以后，愤然离营，直到他的挚友帕特罗克洛斯阵亡，他才重返军队，再次走上战场。

❖ 这座浅浮雕描绘的是阿喀琉斯杀死特洛伊国王普里阿摩斯及其长子赫克托尔的场景

公元前 4 世纪制作的古希腊双耳细颈小底瓶，上绘雅典战士形象

## 盾

盾作为一种防御性武器，常出现在个人战斗而非群体战斗中。这就是为什么它更容易与希腊人根深蒂固的英雄情结联系在一起。希腊语"ripsaspis"的字面意思为"扔掉盾牌的人"，后来衍生为"逃兵"，它是所有手握武器的公民最不能忍受的耻辱词汇之一。

# 海港

古希腊文明诞生于众多半岛和岛屿之中，它的生存及发展都离不开海洋。无论是作为商人，还是殖民者，古希腊人都极其熟悉海洋，掌握着与航行有关的所有秘密。古希腊的港口遍布地中海和黑海，是希腊通过一系列商品贸易政策对外建立海外殖民地的成功范例。古希腊人还通过港口优势将其他文明的艺术、思想和发明创造引入希腊本土，比如，腓尼基字母和埃及雕塑。◆

**防御** 为加强防御，一些港口会构筑围墙和高塔，通常会有规律地零散设置在整个港口的周边地区。例如，雅典的比雷埃夫斯港在公元前5世纪至公元前4世纪间修建了大量防御设施。在伯罗奔尼撒战争期间，正是因为有了这些防御设施，雅典才在被斯巴达人包围的情况下最终获得胜利。

古希腊港口和海边市场的局部展示图

## 船只

古希腊船只使用弯曲的木结构建造。随着造船技术的发展，船舱的空间逐渐增大，行驶速度也不断提高。海外贸易是古希腊对外殖民的基础，这就需要提高船只容量和速度以维持对外影响力。多项考古发现证明，古希腊人根据船的不同用途，如承载货物、士兵、殖民者或高层人物，除了使用不同设计和尺寸的帆船，还会使用载客量大的划桨战船。

**男人的事务** 在古希腊港口工作的人群几乎全部是男性，不管是体力劳动者、牧羊人，还是在港口大声叫卖的商贩。女性则更多的作为购买者出现。

**货物** 港口旁堆满了储藏货物的箱子，里面装满了来自异域的各类商品，从古埃及的香料到塞浦路斯的杏仁，不一而足。之后，这些货物将出现在城邦的集市上，或被运往其他城邦销售。

## 海洋崇拜与海洋信仰

海洋深刻影响着古希腊社会形成和发展的进程，在古希腊的神话传说中占据着非常重要的地位。事实上，海洋之神波塞冬是古希腊神话中最有权势的神祇之一。古希腊人崇拜众多水神，如海仙女涅瑞伊得斯姐妹。他们还创造了许多表现海洋生物如章鱼、海豚等的艺术作品。

❖ 流通于前413年至前400年的银币，上面刻有两只海豚

## 古希腊人与海洋

古希腊人如果没有掌握航海技术，是很难形成希腊文明的。精湛的航海技术让他们有能力在地中海和黑海这片广阔的地域内发现新的土地和财富。随着希腊航海技术的不断发展，古希腊的影响力向东蔓延到小亚细亚地区，向西扩展到西西里岛甚至法国和西班牙海岸，向南到达利比亚海岸，向北一直到达了黑海最远端。古希腊人在所有这些地区都建立了殖民地和城邦国家。

**市场** 古希腊港口的码头时时刻刻都有船只进出。如此巨大的流量吸引了各色人等，使港口变成了一个超级市场，本地和异域的各种商品随处可见。香料、鱼类、蔬菜、水果，甚至山羊和绵羊等各种动物都可以拿来售卖。除此之外，还可以看到贩卖纺织品和装饰品的摊位。

**贸易** 古希腊盛产橄榄油和白银。通常，满载橄榄油和白银的商船从雅典启程，前往地中海其他需要交换这两种货物的城市。长途跋涉的回报是，返航的时候，船舱会装着小麦、铁、树脂、木材等货物，满载而归。当然，他们还会带回另一种商品：奴隶。几乎一到港口这些奴隶就会被一抢而光。

# 神话与信仰

## 神话与信仰

# 从“混沌”到奥林匹斯山

古希腊宗教允许多神论存在，神的拟人化程度很高。神话里，众神居住在一座海拔约3 000米的高山上，即奥林匹斯山。此山地处色萨利和马其顿交界，是众神的家园。古希腊神话里有很多故事，它们解释了世界的本源，详细描述了各方的神、半神、英雄和奇异物种的生活。经过数百年的口口相传，其中的很多故事被赫西俄德记录在他的著作《神谱》里，而其他故事则出现在成千上万部文学作品中。

人们将荷马视为希腊文学的伟大先驱。他的史诗级作品《伊利亚特》和《奥德赛》内容丰富，涵盖了众神的生活及其对人类历史的干预。关于荷马的传说有很多，但其中的真实性却备受质疑。数个世纪以来，有七个希腊城市声称曾有人看到荷马在自己的城市沿街乞讨，并因此倍感荣幸。还有许多城市声称是荷马的出生地。流传最广的说法是（通过他的一些作品判断），荷马生活在公元前9世纪左右的小亚细亚。与古希腊其他作家一样，荷马的存在也是一个真正的谜。甚至有人认为，他的两部最重要的作品其实是一部长期流传下来的口述作品，主要是歌颂特洛伊战争中的人们和尤利西斯重返家园的丰功伟绩。特洛伊战争结束四百多年以后，《荷马史诗》经过人们的口口相传，内容得到了极大的丰富。《荷马史诗》的主角通常被认为是亚该亚人，他们信奉的神祇在不同时代被赋予不同的特征，他们的财产、武器和家具在不同时期也不尽相同。无论如何，在《荷马史诗》面世四百多年后，口头传播自然而然地改变并丰富了其内容。虽然普遍认为故事的主人公是亚该亚人，但有时也被称为希腊人。

据历史学家希罗多德记载，赫西俄德出生于公元前860年左右，这一事实支持了当代部分研究者的假设。不过，也有研究人员认为，赫西俄德出生于公元前750年左右，甚至更晚。赫西俄德的父亲从小亚细亚的库迈移居至比奥西亚境内的阿斯克拉村，赫西俄德应该就是在那里出生的。后来，他搬到了奥尔科莫诺斯居住，直至去世。我们可以认为，至少在之后的几个世纪，他的坟墓都是在奥科美那斯。根据历史学家修昔底德记录的洛克里斯当地传说，人们认为，赫西俄德在尼米亚的宙斯神庙中被当地居民杀害。

❖ **赫拉克勒斯** 古希腊公元前5世纪制造的双耳细颈小底瓶，上面描绘了传说中的英雄赫拉克勒斯（之后被罗马人尊称为“赫丘利”）与一头豹子搏斗的场景。

### 赫西俄德和荷马

赫西俄德说：“宇宙最初只是一团混沌。从中最先诞生的是大地女神盖亚。最后，最美的神爱神厄洛斯也来到世间。”他认为，地狱和黑暗之神厄瑞玻斯也出生于“混沌”，厄瑞玻斯和黑夜女神尼克斯生下了同胞兄妹埃忒尔、赫墨拉。此外，尼克斯还生下了许多神：命运三女神、死神塔纳托斯、让人在梦中失去理智的睡神修普诺斯、诽谤之神摩墨斯、赫斯珀里得斯（负责照管在光荣之洋中生长的金苹果和树林）、追寻有罪之人的厄运之神摩罗斯和亡灵女神刻瑞斯、

❖ **雅典娜·普罗尼亚神殿** 位于德尔斐的雅典娜神庙遗址，如今只剩废墟。当地居民十分崇拜雅典娜，并在这里祭祀她。

❖ **普罗米修斯** 普罗米修斯因为为人类盗取圣火而遭到宙斯的惩罚。左图为公元前1世纪制作的普罗米修斯雕塑。

## 宗教圣殿里的活动

❖❖❖

古希腊的宗教圣殿内部存在多层次的组织结构，一个典型的例子就是宙斯的神殿。在宙斯的神庙，神谕通过起风时树叶发出的沙沙声传递给提问者。考古学家在圣殿附近发现一些刻在小铅板上的朝圣者的问题。其中最令人好奇的问题有："阿吉斯询问，他的被子和枕头到底是丢了还是被偷了"；"利萨尼亚怀疑妮拉肚子里的孩子是不是他的"；一个名叫希波斯特拉托的人问"他应该供奉哪个神"；另有一个人问："我在城里安家好，还是在乡下安家好？"

复仇女神涅墨西斯，以及欺骗女神、友爱女神、可恶的年龄之神，最后还有不和女神厄里斯。

盖亚生下了一位和她一样非常强大的神：天空之神乌拉诺斯。如此一来，天空便能够完全覆盖大地，为幸运的众神创造了一个安全和永久的环境。盖亚创造了高山森林，即仙女们居住的地方；她还创造了海洋，古希腊人起初将其称为"蓬托斯"，后来又称之为"塔拉萨"。赫西俄德认为，这片空间已经拥有了可以创造宇宙的全部元素。盖亚和乌拉诺斯是远古神族的起源。古希腊神话中，他们的后代都具有拟人化特征。他们中有泰坦神，后来还有独眼巨人，以及拥有五十个头、一百只手臂的巨人。其中男泰坦神有：大洋河流之神俄刻阿诺斯、科俄斯、克利俄斯、许珀里翁、飞越高空的太阳神伊阿珀托斯。这些男泰坦神还有六个姐妹，她们分别是：光明女神忒亚、第二代天后瑞亚、忒弥斯、司掌记忆的谟涅摩叙涅、福柏、忒提丝。

### 克洛诺斯的传说

克洛诺斯是泰坦神族的最后一位泰坦。相传，乌拉诺斯曾得知一个与自己有关的预言，那就是，在他的孩子中，会有一位推翻他的统治。此后，每当他的孩子出生，乌拉诺斯就会让他们在这个世界消失。赫西俄德写道，因不能忍受经常分娩却不能拥有自己的孩

❖ **面具** 公元前500年制造的琥珀面具，供演员演出某些希腊悲剧时使用。

子，盖亚逐渐萌生了要把自己的丈夫阉割的想法。当她和孩子们说起这个计划的时候，众神大惊失色，只有最小的儿子克洛诺斯迫不及待地接过了母亲手里的镰刀。根据《神谱》的记载，"广大的天神乌拉诺斯来了，带来夜幕，他渴求爱情，拥抱大地盖亚，展开肢体整个地覆盖了大地。此时，克洛诺斯从埋伏处伸出左手，右手握着那把有锯齿的大镰刀，飞快地割下父亲的生殖器，"随后，克洛诺斯将乌拉诺斯的生殖器抛向天空，最后落到了海里。但掀起的海浪却让它在水里漂浮了很久，最后在快靠岸的时候在水中形成了一团白色的泡沫。就这样，爱神阿芙洛狄忒诞生了。在古希腊的其他神话作品里，阿芙洛狄忒是宙斯的姐妹，但在《神谱》中，她的出生早于所有奥林匹斯山上的众神。

克洛诺斯娶了自己的姐姐瑞亚，然而他重新走上了父亲的老路。乌拉诺斯并没有死，他甚至预言，克洛诺斯的儿子有一天也会推翻他。为了避免这个诅咒，克洛诺斯想出了一个办法，就是把瑞亚刚生出来的孩子都吞进肚子里。这些孩子就是后来居住在奥林匹斯山上的众神。

## 宙斯身上发生的奇迹

克洛诺斯最小的儿子宙斯有幸逃过一劫。瑞亚遭受了和她母亲盖亚同样的痛苦，她决定保护腹中的最后一个孩子。她把一块用小孩的衣服包裹的石头递给丈夫，克洛诺斯便毫不怀疑，一口吞下。与此同时，为了躲避那个可怕的预言，瑞亚把宙斯藏在克里特岛，交给她信任的梅丽莎和阿德剌斯忒亚抚养。她们是克里特国王墨利修斯的女儿。但宙斯真正的奶妈是一只神奇的动物：母山羊阿玛耳忒亚。这只山羊外表十分吓人，甚至泰坦神都不能直视它。相传一天下午，那时宙斯已经是一个躁动不安、精力旺盛的男孩，他跳上羊背，还扯下了一只羊角。宙斯很感谢国王女儿们的照顾。宙斯对这只羊角许了一个简单的愿望，它就装满了世间各种珍奇宝物。这就是著名的象征着肥沃和富裕的丰饶之角的由来。宙斯还赋予了山羊皮特别的功效，任何东西都不能穿透它。宙斯把山羊皮送给了他的女儿——智慧女神和雅典的守护者雅典娜。

### 成为女性的好处

❖❖❖

相传，先知特伊西亚斯因目睹雅典娜的裸体而被震怒之下的雅典娜弄瞎了双眼。但是，他也因此获得了雅典娜的一种能力——能够听懂禽类的语言。传说中，特伊西亚斯至少改过七次性别。他生来是女性，七岁的时候阿波罗爱上了她，于是赋予她语言的能力。但是后来，阿波罗不喜欢她了，就把他变成了男性。宙斯和赫拉恰好一直为"到底是男性还是女性享受更多爱的愉悦感"这个问题争论不休，于是，他们就请特伊西亚斯当裁判。特伊西亚斯是这么回答的："在与爱的愉悦感有关的十九个感官中，男人拥有九个，女人拥有十个。"赫拉一向以自己节制禁欲为傲，特伊西亚斯的评价让她十分生气，一怒之下她把特伊西亚斯变成了一个又老又丑的女人。宙斯施法恢复了他的面容。最终，特伊西亚斯作为男人遭到了女神们的嫉恨，反过来作为女人又赢得了男神们的爱慕和支持。

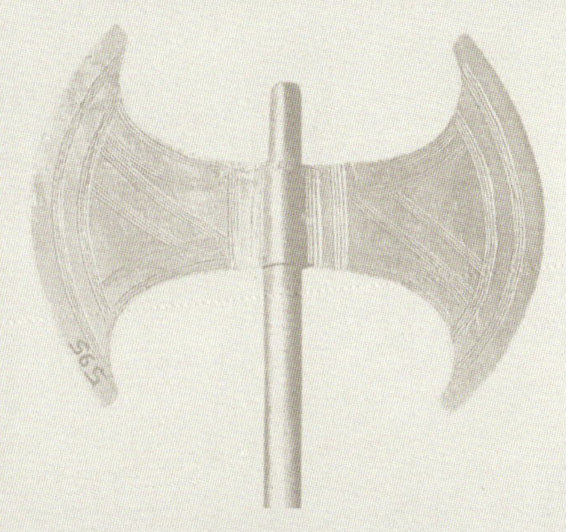

❖ **审判** 公元前5世纪制作的圆盘，上面绘有雅典娜准备审判帕里斯的情景。传说中后者的一次裁判引发了特洛伊战争。

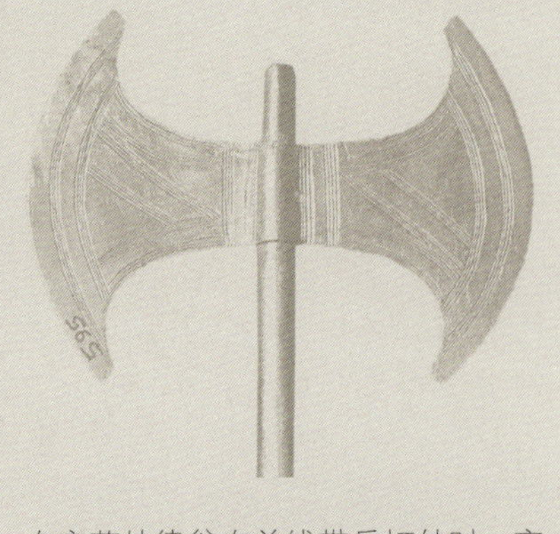

❖ **德尔斐** 著名的德尔斐神谕颁布在阿波罗神殿前的石柱上。阿波罗神庙中一位大名鼎鼎的女祭司皮媞亚在此收集提问者的问题，并向他们传达神的回复。

宙斯领导众神发起了诸神之战，意欲推翻父亲的统治。这场战争十分漫长，最终，在盖亚和他的兄弟姐妹们的帮助下，克洛诺斯被打败。那么，战争是如何开始的呢？俄刻阿诺斯的女儿忒提丝献给宙斯一杯汤药，后来宙斯使计让父亲喝下，克洛诺斯腹痛不止，于是便将宙斯的姐妹赫斯提亚、德墨忒尔和赫拉，以及他的兄弟哈迪斯和波塞冬全都吐了出来。宙斯打败父亲以后，他和两个兄弟将父亲的王国一分为三：波塞冬统治整个海洋，哈迪斯统领冥界，宙斯则永久统治天空。宙斯娶了自己的姐姐"婚姻女神"赫拉为妻，他将第四块领域，也是最后一个王国——人间分给了人类。

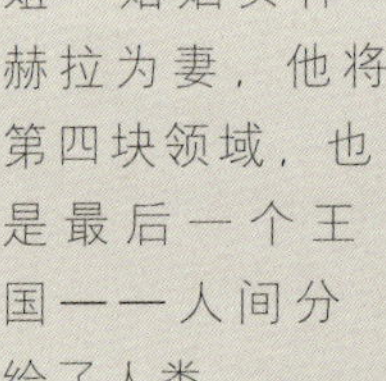

## 奥林匹斯山上的诸神

接下来到了宙斯的儿女们这一代。宙斯和凡人、女神们生了许多孩子，其中有美丽和优雅的男神阿波罗，以及他的兄弟——商业之神，狡猾的赫尔墨斯；端庄的处女和狩猎之神，并时常和女性朋友们一起在森林里奔跑的阿尔忒弥斯；前文提到的从宙斯头脑中生出的帕拉斯·雅典娜；把葡萄藤及其神圣的汁液送给男人、布施欢乐的狄俄尼索斯；骁勇善战的战神阿瑞斯，他还是火与工匠之神赫菲斯托斯的妻子阿芙洛狄忒的情人；还有他的姐妹丰饶女神德墨忒尔，以及灶神和火焰女神赫斯提亚。

宙斯的孩子们还包括一些英雄和奇异生物。英雄当中最为人熟知的莫过于赫拉克勒斯，他的母亲是底比斯将军安菲特律翁的妻子阿尔克墨涅。在安菲特律翁在前线带兵打仗时，宙斯假扮安菲特律翁突然出现在阿尔克墨涅面前，但她却丝毫没有起疑。于是，这位奥林匹斯山的王就在安菲特律翁的床上留宿了一晚。阿尔克墨涅因此怀孕并生下赫拉克勒斯。后来，他的养父安菲特律翁因为他变得有名，生父宙斯则以他为荣。赫拉克勒斯是希腊文学和世界文学作品中常被提到的著名英雄。

圣殿一般是古希腊人占卜的场所，通常由一名女祭司负责传达神谕，即回答朝圣者的问题。奥林匹亚之所以如此闻名，就是因为每隔四年这里都要举行一次所有城邦必须参加的比赛。但古希腊最著名的圣殿是德尔斐的阿波罗神庙，传说这座神庙的皮媞亚通过土地散发的气味向提问者传达神的回复。

## 理性，真理的助产士

希波战争结束之际，雅典成为整个希腊地区物质和知识繁荣发展的主导力量。但是，作为城邦社会存在的基础，先人流传下来的习俗和传统却正在瓦解。与其他文明不同，希腊没有宗教书籍或占据主导地位的神学体系。公共道德和私人道德的标准因城市而异，且通常取决于城市原有的道德传统。古希腊城市中受教育程度最高的公民发现了自然界和生存的巨大谜团，各种疑惑日渐增多。对公民们来说，他们关注的重点主要集中在艺术和公民事务方面。就这样，“逻各斯”一词应运而生。“逻各斯”具有多重含义，但其核心意义是知识能力。苏格拉底在这种环境中成长，一直受到智力和知识的熏陶。后来他不懈地致力于研究美德和伦理规范，甚至将自己的死亡也变成道德生活的典范。经过苏格拉底的不懈努力，到他七十多岁的时候，古希腊哲学已经抛弃了自然主义、宇宙论和诡辩论。公元前 399 年，这位哲学家在雅典被判处死刑，其罪名是引入新神灵和腐化雅典青年。这些严厉的指责掩盖了他们对知识分子的敌视，以及苏格拉底创造的思维方法对促进人们反思所产生的良好效果。他的这一方法被称为“精神助产术”，这是他从自己的母亲，一名助产士那里“借来”的名字。苏格拉底认为，真正的老师应该通过对话的形式启发学生自己思考，自己得出结论，这就像助产士帮助别人分娩生出了新的生命一样。他和雅典政治家阿尔西比亚德斯是挚友，这被雅典人视为一种背叛，并由此将其推向了雅典人民的对立面。苏格拉底是对话式教学的发起者，但是他自己却没留下只言片语。不过，他奇异的举止经常被认识他的人记录下来，如柏拉图在《洞穴寓言》（allegory of the cave）中有一段对话描写，把人们看作被囚禁在洞穴里的犯人。他们背对着从洞口射入的阳光，许多人将自己身体投射在洞穴岩石上的阴影与现实（即明智的世界）混淆。自然事物，即洞穴外的世界、囚犯们看不见的世界，也就是思想的世界，只有依靠理性才能到达。那些能够到达思想世界的人是智者，他们变成了一种社会模范。柏拉图写道：“思想世界是人们最后才能感知的世界，人们付出很多努力方能生出的思想才是好的思想。但是，一旦他们感知到了这个世界，就必须认识到，这个思想才是一切正确和美的根本所在。”

❖《苏格拉底之死》 法国新古典主义画家雅克·路易·大卫(1748 年 –1825 年)所作，作品表现的是雅典哲学家苏格拉底一生最重要的时刻。

# 神话中的男神

来自阿布德拉城的普罗泰格拉（前481–前401？）认为，“人是万物的尺度，是存在者存在的尺度，也是不存在者不存在的尺度。”从普世文化看，所有的人文主义思潮都似乎从这位希腊哲学家的思想中得到了启发。古典时期的希腊非常注重“人”的存在，当时的一切社会活动都带有强烈的人文主义色彩，这种人文思想也渗透到神的世界里。奥林匹斯山的众神也同人类一般伟大，也遭受着和人类一样的悲欢离合。最卑鄙和最无私的情感在希腊众神的情感世界里都可以找到踪迹，希腊所有关于神的神话故事也都反映了众神所具有的人性的一面。◆

**哈迪斯** 掌管地狱和冥界的王。古希腊人认为，哈迪斯暗中主宰了所有人的命运，只有少数英雄能逃出他的手掌。

宙斯像的头部，公元前5世纪制作

## 宙斯

宙斯是奥林匹斯山的主人，是希腊神话中的众神之神。他是时间之神克洛诺斯和瑞亚的儿子。克洛诺斯曾亲口吞下自己的孩子。宙斯出生的时候，瑞亚蒙骗了克洛诺斯，宙斯得以幸存。后来，宙斯推翻了父亲的统治，成为众神之神。宙斯最重要的职责就是维护他所创建的宇宙秩序。对于任何触犯他所制定的法律的行为，宙斯都要全力制裁。宙斯是其他神的保护神，同时，他对待违反天条的神和人类一视同仁，严加惩处。

阿波罗雕像

## 阿波罗

阿波罗出生于提洛岛，是宙斯和勒托的儿子，也是阿尔忒弥斯的孪生弟弟。阿波罗一般被希腊人视为光明之神、太阳神，以及诗歌、音乐和艺术之神。尽管世人朝拜阿波罗的宗教圣地主要在德尔斐神庙，但阿波罗崇拜遍布希腊、亚洲和罗马。阿波罗被希腊人认为是庄重、严肃的象征。在希腊宗教体系中，阿波罗代表着比例和谐、平衡和连贯性，它与狄俄尼索斯所代表的另一个充满混乱、依赖直觉和感性且毫无节制的世界截然不同。

## 波塞冬

波塞冬是克洛诺斯与瑞亚之子，他的形象通常是手持三叉戟。波塞冬出现在希腊人最重要的神话故事里。特洛伊战争中，特洛伊人以为木马是海神波塞冬送给他们的礼物，于是将尤利西斯的木马迎入城内，致使希腊人一举攻入，赢得了战争。据希腊诗人荷马所作的《奥德赛》记载，英雄尤利西斯为了报仇曾利用过波塞冬。波塞冬得知真相后，在尤利西斯返回伊塔卡岛的路上设下重重障碍，阻止他回家。

❖ 位于阿特米西亚的波塞冬像，制作于公元前5世纪。波塞冬是希腊神话中的海神和深海之王，受到所有水手的崇拜

**宙斯的头颅** 帕拉斯·雅典娜从宙斯的头颅中诞生。正因如此，这位女神同时拥有最高的智慧和最强的力量。为了祭拜宙斯，希腊人举办了古代奥林匹克运动会。在运动会上，宙斯是格外受人景仰和崇拜的神。

**宙斯的眼睛** 宙斯无所不在，无所不知。宙斯的眼睛可以看到众神之间以及人类世界发生的一切。他亲自干预了众神的生活和尘世间的许多事。

**不可胜数** 宙斯的儿子多得不可胜数。珀耳修斯是宙斯比较出名的一个儿子，也是希腊神话中的一位英雄。相传，珀耳修斯救下了安德罗墨达，最后娶了她，并建立了迈锡尼。

## 阿瑞斯

阿瑞斯是众神之王宙斯和天后赫拉的儿子，是希腊神话中的战争之神。罗马人叫他马尔斯。阿瑞斯因和女神阿芙洛狄忒之间炽热强烈的爱而为人所熟知。阿芙洛狄忒的丈夫是赫菲斯托斯。有一次，他故意假装不在，被蒙骗的阿瑞斯于是前来与阿芙洛狄忒私下见面，两人私会时被赫菲斯托斯当场揭穿。阿瑞斯的意志对决定战斗的胜负至关重要。

❖ 罗马雕塑家根据希腊阿瑞斯的原始形象制作的阿瑞斯雕像

## 从希腊到罗马

罗马人继承了古希腊神话中的神和他们各自的形象。虽然罗马人改变了众神的姓名，并且将神像按照自己的艺术标准做了改造，但他们几乎没有改变众神的属性及其拥有的权力，也没有改变祭拜他们的方式。

| 希腊 | | 罗马 |
|---|---|---|
| 宙斯 | ► | 朱庇特 |
| 赫拉 | ► | 朱诺 |
| 赫尔墨斯 | ► | 墨丘利 |
| 狄俄尼索斯 | ► | 巴克斯 |
| 阿波罗 | ► | 福玻斯 |
| 阿芙洛狄忒 | ► | 维纳斯 |
| 阿尔忒弥斯 | ► | 狄安娜 |
| 雅典娜 | ► | 密涅瓦 |

## 狄俄尼索斯

狄俄尼索斯是宙斯和塞墨勒的儿子。他头戴草冠，身上凝聚了大自然的丰饶与活力。为表示对这位酒神的敬意，古希腊人特意举办了狄俄尼索斯节（亦称“酒神节”），这也是人们纵情狂欢的时刻。他被罗马人称为巴克斯，被认为是葡萄酒之神和神秘的幻想之神。狄俄尼索斯通常代表任何与冲动有关的事物。

## 奥林匹斯山上的诸神

古希腊的宗教信仰多神论，并且神的拟人化程度很高。古希腊人普遍认为，众神就像一家人一样生活在奥林匹斯山的雪峰上。奥林匹斯山地处色萨利北部，海拔2917米。随着时间的推移，奥林匹斯山不再仅仅指代众神的居住地，它还变成了雄伟和宇宙的代名词。

❖ 右图为如今的奥林匹斯山，大多数时候，山上都被云雾笼罩。

## 赫尔墨斯

赫尔墨斯是宙斯和迈亚的儿子，是众神和人类的调解人。罗马人称其为墨丘利。对许多人类学家来说，他的形象与希腊人口中的赫耳墨斯·特里斯墨吉斯忒斯和古埃及的智慧神托特十分相似。赫尔墨斯经常与秘密世界以及更隐秘的事物有关。他被尊为商业之神。

# 神话中的女神

宙斯这位男性神祇的至高地位反映了父权制在古希腊宇宙论中的影响力。除此以外，所有住在奥林匹斯山的女性神祇都拥有和其他男神一样的权利。她们展现了和男性神祇们相同的美德，遭受着和他们一样的痛苦。在古希腊这样一个信奉多神论和拟人神的宗教世界里，奥林匹斯山上的众神也过着与世俗世界毫无二致的生活。人与神之间的这种紧密联系在女神与凡人的爱情神话中表现得尤为明显。在古希腊宗教神话中，许多普通人都曾与高贵的女神们有过一段疯狂而热烈的爱情，比如，阿喀琉斯、赫克托尔、帕里斯和奥德修斯。◆

## 德墨忒尔

德墨忒尔是克洛诺斯和瑞亚的女儿，她也是宙斯的姐姐。身为大地女神，司掌一切与农业和丰收有关的事务。她的女儿珀耳塞福涅是冥后，负责决定冥界亡灵的命运。罗马人尊称她为谷神刻瑞斯。

❖ 德墨忒尔雕像，公元前6世纪制作

## 阿尔忒弥斯

阿尔忒弥斯是宙斯和勒托之女，阿波罗的孪生姐姐。她被尊为处女之神，是森林的保护神，还是一位杰出的狩猎者。罗马人将其称为狄安娜。

❖ 女神阿尔忒弥斯雕像，公元前6世纪制作

### 阿喀琉斯的母亲——忒提丝

海洋仙女忒提丝是海神涅柔斯和大洋神女多里斯的女儿，她亦被称为“银脚女神”。据神话记载，她爱上了来自色萨利的佛提亚城国王佩琉斯，之后与其孕有一子，即英雄阿喀琉斯。忒提丝握着阿喀琉斯的脚踝把他放在斯提克斯河（冥河）里浸泡，所以他全身刀枪不入，只有被母亲握住、未泡到冥河水的脚后跟是弱点。根据《伊利亚特》记载，忒提丝在奥林匹斯叛乱中立下汗马功劳，帮助宙斯平息了叛乱。

❖ “佩琉斯与忒提丝的婚礼”，荷兰画家杰拉德·德·莱雷西所绘

阿芙洛狄忒与自然之神、长笛音乐之神潘神的雕像

## 阿芙洛狄忒

关于阿芙洛狄忒出生的传说有两种。在荷马的记载中，阿芙洛狄忒是宙斯和狄俄涅的女儿，她从大海的泡沫中诞生。另一个传说是天神乌拉诺斯被自己的儿子克洛诺斯阉割后，他的血液滴进海里，从中诞生了阿芙洛狄忒。阿芙洛狄忒曾背着丈夫火神赫菲斯托斯与多个男神私通，如赫尔墨斯和阿瑞斯。她生下了爱神厄洛斯和特洛伊英雄埃涅阿斯。相传，埃涅阿斯在特洛伊城被攻破后逃到意大利，然后建立了罗马城。

**猫头鹰** 古希腊人认为猫头鹰象征着智慧，这一形象常伴随着帕拉斯·雅典娜出现。在《荷马史诗》中，帕拉斯·雅典娜又名“明眸女神雅典娜”，希腊语中意为“有明亮的银色眼睛的人”（“glaux”意为“银色的”；“ops”意为“眼睛”）。但由于雅典娜眼睛的颜色极为特别，因而“glaux”也有“猫头鹰”的意思。

**盾牌** 雅典娜的形象通常是手持盾牌。盾牌名为“女魔脸”，因为盾牌上刻着美杜莎的脸。雕刻家菲狄亚斯雕刻的雅典娜像亦是如此。这座雕像曾存放于雅典卫城的帕特农神庙，现已丢失。

女神赫拉雕像，公元前6世纪制作

## 女神赫拉

赫拉是克洛诺斯和瑞亚的女儿，宙斯的姐姐和妻子。赫拉有三个孩子，分别是青春女神赫柏、火神赫菲斯托斯和战争之神阿瑞斯。后因奥林匹斯山的主人宙斯有外遇，赫拉与他断绝了关系。在希腊神话中，她负责掌管天堂、光明和婚姻。希腊所有年轻女孩在结婚前都向她供奉花环和熏香。她的拉丁名是朱诺。

女神帕拉斯·雅典娜雕像，公元前6世纪制作

## 帕拉斯·雅典娜

帕拉斯·雅典娜是智慧和博学的象征。古希腊人崇拜雅典娜，为她专门在雅典卫城建造了帕特农神庙。为了纪念雅典娜，古希腊人还举办了著名的泛雅典娜节，这是古代希腊最盛大的节日之一。雅典娜是雅典的最高守护者，有时会以猫头鹰的形象示人。

**缪斯** 这是阿芙洛狄忒手下九位灵感女神的统称：司管英雄史诗的女神卡利俄佩、司管历史的女神克利俄；司管音乐的女神欧忒耳佩、司管舞蹈的女神忒耳普西科瑞、司管爱情诗的女神埃拉托、司管悲剧与哀歌的女神墨尔波墨涅、司管喜剧的女神塔利亚；司管几何学的女神波吕许谟尼亚和司管天文学的女神乌拉尼亚。

# 德尔斐神谕

据说，“德尔斐”这个地名来自“海豚”，直到今天，希腊依然有这个城市存在。“海豚”是古希腊神话中的龙，在阿波罗到达帕纳塞斯山以前，这条龙一直统治着山脚附近的区域。阿波罗杀死了这条龙，获得了它无穷无尽的智慧。龙是亚洲神话中的生物，它和阿波罗的联系让人类学家能够探寻古希腊世界最大的宗教中心德尔斐神谕与亚洲的关系。帕纳塞斯山众多石头之间常常会涌出一汪汪清泉，汇聚在一起形成了不同的喷泉。其中，最著名的是卡斯塔利亚喷泉。喷泉四周环绕着一片月桂林，据说是当地人十分崇拜的太阳神阿波罗的住所。人们在做出重大决定之前，都会先到这里寻求神的意见。◆

**凯尔特银币** 这枚硬币的正面可以看到头戴月桂冠的阿波罗头像。

西比拉像，雕塑家卡米洛·帕切蒂（1758–1826）创作

## 西比尔之谜

相传，第一位负责传达德尔斐神谕的皮媞亚名叫西比尔。她的影响是如此深远，以至于其名字变成了皮媞亚的同义词。然而，荷马和赫西俄德都没有提及过她。“西比尔”这个名字第一次出现在以弗所哲学家赫拉克利特（前544–前484）的著作中。有人认为，西比尔之流就是来自亚洲的皮媞亚。炼金术师将有关西比尔的神话传说保留了下来，到了中世纪，出现了许多叙述西比尔之谜的绘画和版画作品。后来，西比尔之谜与另外一个与女巫有关的神话被人们混为一谈，受到教会的强烈压制。

## 皮媞亚（女祭司）

古希腊人推选皮媞亚的条件与女性的社会地位没有关系，唯一的要求就是她必须是一个道德高尚的人。提问者在神谕传达之前会和皮媞亚见面，提出他们的问题。

❖ 公元前470年左右的皮媞亚雕像

**柱子** 这些柱子属于阿波罗神庙的一部分，于1840年被德国考古学家卡尔·奥特弗里德·穆勒发掘。

**皮同** 这是一条蟒蛇的名字。在阿波罗到来前，它曾在巨龙时代居住在德尔斐一带。“皮媞亚”（即负责传达神谕的女祭司）这一术语即来源于这条蛇的名字。

右图为公元前5世纪制作的圆盘，上面描绘了爱琴海国王拜见皮媞亚聆听神谕的场景

## 吕底亚国王克洛伊索斯的提问

克洛伊索斯是吕底亚的最后一位国王。希罗多德曾以嘲讽的口吻提到，克洛伊索斯在入侵波斯之前，专门去德尔斐获取神谕，想知道他的这次军事行动会取得什么样的结果。皮媞亚告诉他：“克洛伊索斯，如果您越过克孜勒河（吕底亚和波斯之间的边界），您将摧毁一个伟大的帝国。”克洛伊索斯毫不犹豫地率领大军继续向波斯挺进。穿越克孜勒河几天以后，他的部队全军覆没。正如神谕所言，他的确摧毁了一个“伟大的帝国”，但却是他自己的帝国。

德尔斐神谕的中心，阿波罗神庙遗址

## 对神谕的信仰

皮媞亚负责向提问者解释阿波罗的“回答”。古希腊人相信，神的指示是绝对正确的，如果实际发生的结果与皮媞亚的解释相反，那么，犯错的只能是她自己，绝不可能是神谕本身。通过多种描述和证词我们可以得知，皮媞亚一般坐在一个高高的凳子上，几乎一刻不停地咀嚼着月桂叶，这让她处于一种兴奋的心理状态。历史学家希罗多德曾提到皮媞亚并多次评论说：“她们回答问题的时候，实际上是阿波罗通过她们之口对提问者做出回答，因此，答案是以诗句的形式出现。”

**皮媞亚** 只在每月的七号向世人传达神谕，因为这一天被认为是阿波罗降临人世的日子。

**提问者** 来自各行各业，穷人富人都有。所有提问者在见到皮媞亚之前都要在神庙入口处的祭坛供奉祭品。

# 《荷马史诗》

就像其笔下的史诗中记载的无数谜团一样，荷马的一生也充满了各种谜团。甚至有人觉得，荷马这个人根本就不存在。《荷马史诗》描述的世界是如此宏大，以至于有人认为荷马只是收集记录了众多无名诗人写下的诗集，将其汇总编撰成一部《荷马史诗》。但是，就连奥运会的歌颂者、伟大的赫西俄德都说，他自己的创作只不过是“荷马创造的宏大史诗盛宴中的一些边角料”。无论如何，荷马的名字都与古希腊和世界诗歌紧密联系在一起。对任何想进入希腊社会和诗歌世界的人来说，《伊利亚特》和《奥德赛》都是一门必修课。◆

一张记载《荷马史诗》的埃及莎草纸

## 荷马是谁？

古希腊人一致认为，荷马生活在公元前 9 世纪，或略晚于此。有一个版本这样描述：他是一个游吟诗人，也可能是盲人，经常在聚会和宴会上吟唱他的诗。希腊人觉得《伊利亚特》和《奥德赛》都是荷马的作品，他们对此深信不疑。虽然这两部作品讲述的都是特洛伊战争，但是角度不同，前者是歌颂英雄在集体战斗中的丰功伟绩；后者是英雄在返回祖国的路上经历的艰难困苦。

以特洛伊战争为题材的风格主义作品，创作于17世纪

## 特洛伊木马

特洛伊战争最终以特洛伊城被洗劫一空而宣告结束。相传，奥德修斯（罗马神话中的尤利西斯）心生一计，将亚该亚士兵藏在一个巨大的木马中，特洛伊人以为这个木马是海神波塞冬赐给他们的礼物，不幸引狼入室，隐藏在木马内的亚该亚士兵顺利进入特洛伊城，然后里应外合攻下了该城。

## 文学之父荷马

《伊利亚特》和《奥德赛》这两部叙述性文学作品极具美学价值，因而被世人视为史诗文学最具代表性的作品之一。毫无疑问，这两部作品都被认为是西方文学的基础，后世有相当一部分杰出的西方文学作品都受到了它们的启发。

古罗马诗人维吉尔与他的代表作《埃涅阿斯纪》。维吉尔受《伊利亚特》中的神话故事启发，写下了罗马城建立的历史。

意大利文艺复兴时期诗人但丁与他的代表作《神曲》。但丁将《奥德赛》传播到很多更遥远的地方。

后现代文学奠基者之一乔伊斯与他的代表作《尤利西斯》。他描述了 20 世纪初一个穿越都柏林的人的旅途生活，以及都柏林居民的内心独白。

## 《伊利亚特》

特洛伊战争前后持续了十年。最后，英雄阿喀琉斯与亚该亚军队的统帅阿伽门农发生了争执，随后愤然离营，退出了与特洛伊人的战斗。他的挚友帕特洛克罗斯故意穿上他的盔甲出战，却不幸战死在特洛伊人最受尊崇的英雄赫克托尔手里。为了给好友报仇，这位“忒提斯的儿子”重返战场。由此我们也可以看出，在《荷马史诗》中，英雄主义并不排斥个人感情。

左图为一块圆形浮雕，描绘了在一次战斗中阿喀琉斯为他的朋友帕特罗克洛斯治疗腿伤的场景。

**阿伽门农的羞辱**

阿伽门农是亚该亚军队的统帅，他曾夺走阿喀琉斯的女奴布里塞伊斯。阿喀琉斯一气之下不再上阵。他走后，亚该亚人在几次战斗中均遭受惨败。

**休战的阿喀琉斯**

战士尤利西斯与阿贾克斯都试图劝服阿喀琉斯回到前线。但阿喀琉斯表示，只有他的朋友帕特罗克洛斯指挥军队参与战斗他才会同意。

**赫克托尔之死**

帕特罗克洛斯死后，阿喀琉斯回到前线，誓为朋友报仇。阿喀琉斯杀死赫克托尔以后，将其尸体拖到特洛伊城墙下，交给了赫克托尔的父亲——特洛伊国王普里阿摩斯。

### 帕里斯的裁判

相传特洛伊战争的爆发源于特洛伊王子帕里斯的一次裁判。裁判的内容是：谁是三个女神（赫拉、雅典娜、阿芙洛狄忒）中最漂亮的神？阿芙洛狄忒允诺，如若当选，就会赐给他人类中最漂亮的女人。于是，帕里斯选择了阿芙洛狄忒，随后在其帮助下劫走了斯巴达国王墨涅拉俄斯的妻子海伦。亚该亚人和特洛伊人的战争就此被引燃。

❖ 油画《帕里斯的裁判》，鲁本斯创作

**《奥德赛》** 特洛伊战争结束后，亚该亚军队的大英雄奥德修斯（罗马神话中的尤利西斯）也踏上了归途，计划回到他的王国。由于奥德修斯惹怒了波塞冬，海神在其回伊塔卡岛的路上设下重重障碍。历经十年的艰苦跋涉，奥德修斯终于和妻子珀涅罗珀团圆。他的回家之路和特洛伊战争一样漫长。这也反映了战士英雄主义的另一面。

上图是一个古希腊瓦罐，瓶身描绘了《奥德赛》最具戏剧性的情节之一：尤利西斯与海妖赛壬（美人鱼）斗智斗勇。

**尤利西斯的报复**

在儿子忒勒玛科斯的帮助下，珀涅罗珀挡住了许多追求者的骚扰。这些追求者背叛了尤利西斯，辜负了他的信任。最终，尤利西斯赐他们一死。

**波吕斐摩斯的暴怒**

尤利西斯等一行人在回家的途中，登陆独眼巨人波吕斐摩斯居住的岛屿。波吕斐摩斯发现后打算把他们吞进肚子。尤利西斯把独眼巨人的眼睛刺瞎后，和手下躲进巨人养的羊群里，紧紧抱住羊的肚子，得以逃出生天。

**女巫喀耳刻的魔法**

尤利西斯一行人来到艾尤岛，女巫喀耳刻施法把他的手下都变成猪。赫尔墨斯给了他解药，于是，他又把他的手下变回了人类。

# 奥林匹克运动会

公元前8世纪左右，位于奥林匹亚的宙斯神庙享誉整个古希腊世界。这座神庙位于伯罗奔尼撒地区的伊利斯王国。公元前776年，伊利斯国王伊菲图斯和斯巴达国王来库古达成协议，同意每隔四年举办一届全希腊人（女性除外）均可参与的体育比赛。活动期间，全希腊休战停火。到了公元前5世纪，奥林匹克运动会成为古希腊哲学家、政治家和艺术家汇聚一堂的地方。393年，东罗马帝国皇帝狄奥多西一世宣布废止古代奥运会。◆

**阿喀琉斯** 上图是一个公元前4世纪制作的古希腊双耳细颈小底瓶，瓶身描绘了一场跑步比赛。阿喀琉斯是长跑比赛的佼佼者，“健步如飞的人”这一称呼并非浪得虚名。

公元前5世纪制作的圆盘，描绘了古希腊人运动的场景

## 最早的长跑比赛

奥林匹克运动会举办期间，奥林匹亚城被认为是中立国、“神圣的停战区”，该城不允许出现任何形式的战争。关于奥林匹亚城有一个传说，据说，公元前1225年，大力士赫拉克勒斯为奥林匹亚国王奥革阿斯清洗完马厩后，奥革阿斯拒绝付给他报酬。赫拉克勒斯在战斗中杀死了他。为了博取宙斯的好感，他组织了一场聚会和一场长跑比赛。比赛距离由赫拉克勒斯本人决定，他走了600步，加起来就是体育场的长度（192.27米）。这就是第一次奥林匹克竞赛的起源。

《掷铁饼者》，雕塑家米隆（约前490–前430）所作

## 五项全能运动

在五项比赛或五项全能比赛中取胜，这是所有古希腊运动员期望获得的最高荣誉。这五项比赛分别是长跑、跳远、掷铁饼、标枪和摔跤。如若一个人能掌握这五项比赛，就意味着，他身上同时具备古希腊人推崇的全部美德和身体素质。古希腊人总结出一个评判一个人是否“美丽且善良”的公式。如果我们仔细观察《掷铁饼者》，可以看到米隆是如何表现一个人身体呈现最大张力的情形。然而，在运动员的脸上我们并没有看出任何紧张或费力的表情。这就表现出一位真正的运动员，他的精神是如何超越了身体的体能。

**射箭** 太阳神阿波罗十分擅长该项运动。相传，他曾制定了所有弓箭手都要遵守的比赛规则。弓箭手需要拥有两项太阳神赋予的天赋，第一是全神贯注，也就是将所有注意力集中于标靶，第二是要能保证远距离射击。

## 摔跤

根据一些神话故事，摔跤的运动规则是由雅典娜交给人类男性，并由古希腊神话中最富有传奇色彩的大英雄之一忒修斯制定完成。因此，摔跤是奥林匹克运动会最重要的比赛项目之一也就不足为奇了。在《伊利亚特》第二十三首赞歌中，荷马为我们描述了大力士阿贾克斯与奥德修斯之间的搏斗。

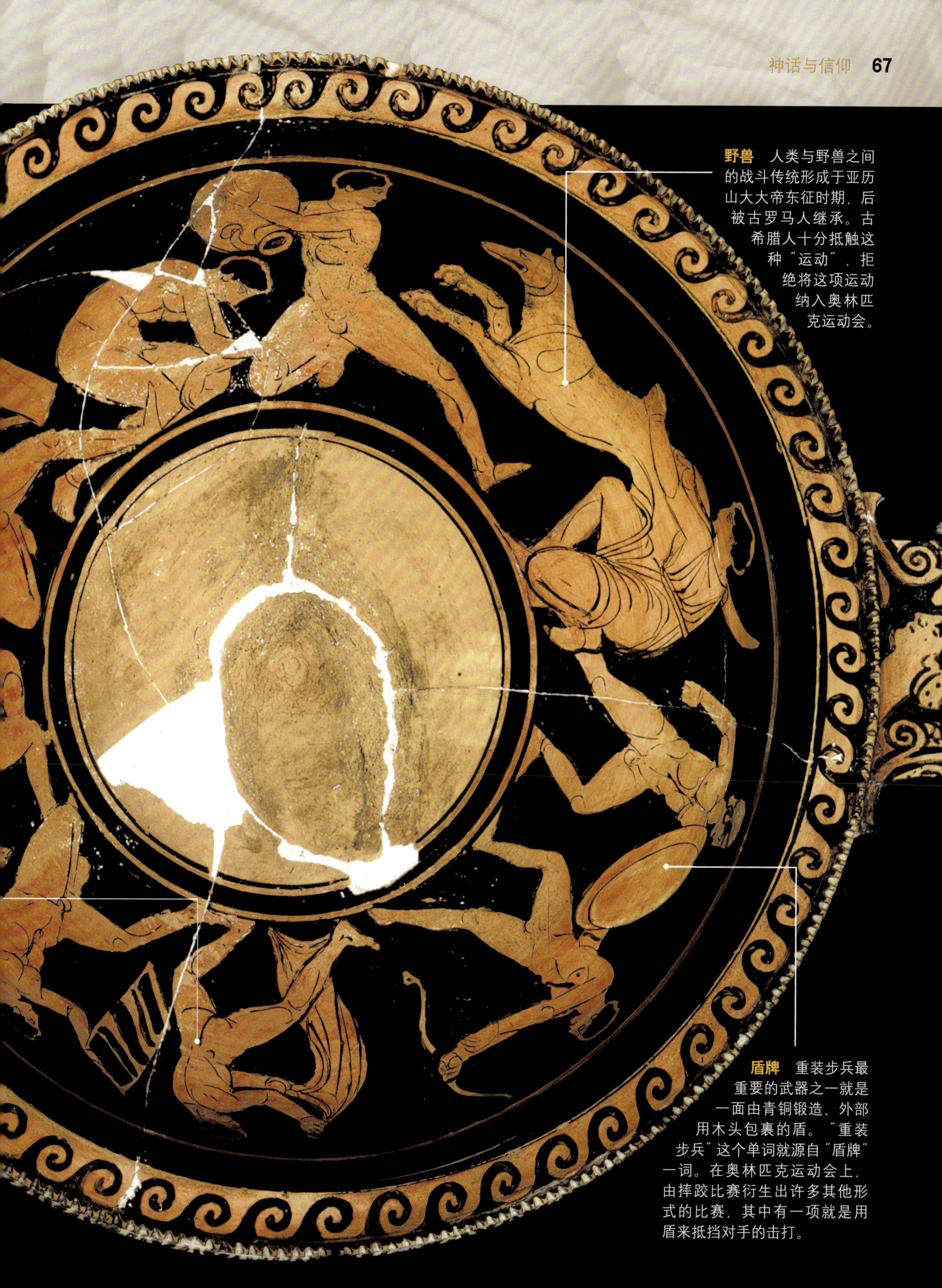

**野兽** 人类与野兽之间的战斗传统形成于亚历山大大帝东征时期，后被古罗马人继承。古希腊人十分抵触这种“运动”，拒绝将这项运动纳入奥林匹克运动会。

**盾牌** 重装步兵最重要的武器之一就是一面由青铜锻造、外部用木头包裹的盾。“重装步兵”这个单词就源自“盾牌”一词。在奥林匹克运动会上，由摔跤比赛衍生出许多其他形式的比赛，其中有一项就是用盾来抵挡对手的击打。

# 伟大的神话故事

我们很难确定一个神话传说的起源到底是什么。但一般来说，一篇神话故事通常还糅合了史实和宇宙元素。这些史实成为古希腊人创作史诗的素材，而宇宙元素则由古希腊人的宗教信仰衍生而来。古希腊神话中的伟大主人公及其英雄事迹常为世人所津津乐道，反复传颂。这些文学作品都会讲到神祇以直接或间接的方式插手人类事务。古希腊神话中的英雄以其大胆和无所畏惧而著称于世，他们有能力卷入和某位神祇的斗争，并往往都会因此获得另外一位神祇的支持。但是，如果说古希腊神话中的英雄人物有什么基本特性，那就是他们和死亡的关系。他们在生命的尽头依然不会动摇，这是英雄们最重要的特质。从这个意义上讲，他们也成为世人的道德楷模。◆

**美杜莎的头** 在古希腊神话中，美杜莎原是雅典娜手下的一位美丽的女祭司。被海神波塞冬侵犯后，美杜莎遭到雅典娜的惩罚，以可怕的面容和茂密的蛇发示人。

《珀耳修斯与美杜莎》，本韦努托·切利尼于1545年至1554年创作

### 忒修斯与牛头人身怪米诺陶洛斯

忒修斯是阿提卡英雄，埃勾斯之子，还是雅典传说中的国王。另一个神话版本称他是海神波塞冬之子。他和其他年轻人被送往克里特岛，当作献给克里特国王米诺斯的贡品。后来，忒修斯杀死了米诺陶洛斯，又在克里特公主阿里阿德涅的帮助下靠着一团毛线走出了克里特迷宫。他的父亲埃勾斯自杀身亡后，忒修斯接替父亲成为雅典的新君，重新开启了政治生涯。后来，忒修斯号召讨伐亚马逊女战士，还参与了半人半马怪和阿庇泰人之间的战争。

❖ 右图为公元前6世纪制作的古希腊双耳细颈小底瓶，瓶身上绘有忒修斯大战米诺陶洛斯的画面

### 珀耳修斯

宙斯曾化作一阵金雨和达娜厄交合，由此有了珀耳修斯。珀尔修斯在塞里福斯岛长大，岛上的国王波吕得克忒斯为了让他离开小岛，以便和他的母亲结婚，就派他去杀死美杜莎。美杜莎是古希腊三个可怕的蛇发女妖之一。在赫尔墨斯（或是雅典娜）的帮助下，他拿到了一双会飞的鞋子、一件能隐身的斗篷，还有一面用作镜子的盾，用盾面反照美杜莎，可避免因看了她一眼而被石化。砍掉美杜莎的头后，他杀死了想要吞噬美丽仙女安德罗墨达的海龙。安德罗墨达被拴在此处作为海龙的祭品，珀尔修斯救下了她并与之成婚。回到家乡后，他向波吕得克忒斯复仇，后成为梯林斯的国王和迈锡尼的创造者。

下图为赫拉克勒斯杀死半人半马怪涅索斯的雕像，雕刻于公元前 4 世纪

## 赫拉克勒斯

古希腊神话中最负盛名的英雄人物就是宙斯和阿尔克墨涅的儿子赫拉克勒斯。在他还是孩童的时候，赫拉因为妒忌派出了两条巨大的毒蛇，爬进王宫去杀害孩子。但赫拉克勒斯反而用手扼死了两条毒蛇。底比斯国王克瑞翁将女儿墨伽拉嫁给他为妻。但是，赫拉施法让他发了狂，亲手杀死了自己的几个孩子。为了赎罪，他遵从德尔斐神谕的指示，完成了欧律斯透斯安排的十二项重要任务，包括与一些怪物搏斗：杀死勒拿湖的九头蛇海德拉和尼米亚森林的猛狮、驱赶斯廷法利斯湖畔的怪鸟、活捉厄律曼托斯山密林的野猪；带回狄俄墨得斯饲养的吃人马群；驯服克里特岛发疯的公牛；牵回革律翁的牛群；先把地狱三头犬刻耳柏洛斯带到人间，然后送回冥府；摘取赫斯珀里得斯圣园的金苹果；获得亚马逊部落女首领希波吕忒的腰带等。他还完成了其他壮举，如杀死巨人安泰俄斯、拯救为人类盗取圣火而受罚的普罗米修斯。在他死后，宙斯将其带到奥林匹斯山与众神一起生活，并为他迎娶了青春女神赫柏。

**直到今天** 人们依旧把分隔欧洲和亚洲的直布罗陀海峡称为“赫拉克勒斯之柱”。将两个大陆劈开是大力士赫拉克勒斯的另一项壮举。

**半人半马怪涅索斯** 赫拉克勒斯看到涅索斯试图占有自己的妻子得伊阿妮拉，盛怒之下用一把浸泡了勒拿湖九头蛇海德拉鲜血的剑杀死了涅索斯。涅索斯垂死之际，说服得伊阿妮拉给她的丈夫穿上毒袍，使赫拉克勒斯的身体腐烂。赫拉克勒斯痛苦不堪，难以忍受，最后发疯跳入奥埃托山的火堆自尽。

**神话中的怪物** 半人半马怪是古希腊神话中最奇幻的生物之一，它们有人类的躯干和马的身体。

# 文化遗产

## 文化遗产

# 哲学的起源“逻各斯”

在思想文化方面，古希腊取得的最伟大的成就是哲学。古希腊哲学起源于公元前7世纪至公元前6世纪，发端于小亚细亚半岛上爱奥尼亚人所建的城邦，其中最著名的就是米利都。在这些城邦中，社会自由发展促进了思想和言论自由的发展。早期的哲学家被世人称为“前苏格拉底学派”，尽管他们当中某些人并不早于苏格拉底生活的年代。前苏格拉底学派的哲学思想源自他们对构成世间万物的物质的自然属性的疑问。他们没有用神话中的超自然主义去解释这些问题，而是试图通过理性（逻各斯）寻找答案。

最早的思想家通常就自然及其起源（本原）提出疑问。例如，米利都哲学家泰勒斯就认为，水是万物的起源，因为水能达到自然界中三种可观测的状态：液态、固态和气态。但与其同时代的哲学家阿那克西曼德则认为，万物的本源是“阿派朗”。阿那克西曼德并没有给“阿派朗”下定义，或许，他曾经赋予这个词某种概念，但这个概念和他的著作一同失传了。如今，考古发掘出来的只有与他同时代的其他人的著作。从相同意义上讲，他解释说，人类应该来自更原始、更早出现的生命形式，例如鱼类。他的这一思想比达尔文思想产生的时间更早，着实令人惊讶不已。米利都的另一位哲学家阿那克西美尼指出，气是一切生命的起源。他认为，所有物质和生命都是由气构成的。因此，我们的灵魂就是气，火本身也是一种被加热过的、稀薄的气体。最后，以弗所哲学家赫拉克利特声称，世间万物一切都是可变的且处于不断的变化过程中，所以，万物的本原也并非一成不变。随后，他又提出：“世界是一团永恒的活火。”

❖ **毕达哥拉斯** 古希腊伟大的哲学家，在数学、几何和音乐领域建树颇丰，为后世留下一笔宝贵的财富，他的影响力直至今日依然存在。

随着毕达哥拉斯思想的出现，古希腊哲学实现了一次巨大的飞跃。毕达哥拉斯来自萨摩斯岛，为了摆脱僭主波利克拉特斯的统治，他逃离了萨摩斯，在意大利南部的克罗托内定居下来。后来，毕达哥拉斯建立了一所教授科学、哲学、政治和宗教的学院，他本人对整个泛希腊地区都产生了重要影响。他的学生在数学、天文学、音乐、生理学和医学领域进行了广泛的探索。他和学生把东方的灵魂轮回思想和关于死亡的俄耳甫斯神秘主义传入了希腊，并告诉大家，每个人的灵魂都要受到审判，根据其生前的行为判断灵魂将要接受奖赏还是惩罚。因此，为了适应一个永恒的循环，人们需要一个开始。毕达哥拉斯的宗派理论是为神权统治和寡头政治服务的，克罗托内的民主人士对此十分愤怒，因而将他驱逐。毕达哥拉斯随后深入意大利本土，直到他在梅塔庞托获得庇护。毕达哥拉斯之所以被世人铭记更是因为他在数学领域的发现、毕达哥拉斯定理，以及他所进行的算术和音乐研究。

与毕达哥拉斯同时期的还有科洛封的哲学家色诺芬。他在第勒尼安海南海岸的埃利亚成立了当时最主要的哲学学院之一埃利亚学院。这所学院由他和两位当地人芝诺和巴门尼德以

❖ **奥林匹克宙斯神庙** 建于公元前 520 年左右，位于雅典卫城的帕特农神庙附近。从宙斯神庙的柱子间远眺，可以望见地势更高的帕特农神庙。

❖ **辩论** 右图为一座15世纪的浮雕，展现了两位古代伟大的哲学家柏拉图和亚里士多德正十分投入地进行辩论的场面。

及萨摩斯的常胜将军麦里梭共同创办。公元前442年，麦里梭将军曾在雅典舰队攻打埃利亚的战斗中击败了雅典人。后来色诺芬移居意大利，在那里继续发展了自己的哲学思想。这一点在他的作品《关于存在》中得到体现，但目前只保存下来了其一些片段。

### “存在和不存在”

然而，巴门尼德否认变化，他认为存在是唯一的、永恒不变的，无所谓开始，也没有尽头。巴门尼德曾提出：“存在者存在，不存在者不存在。”这一命题奠定了西方哲学本体论的基础。另一方面，来自科洛封的哲学家色诺芬尼或许是第一位敢于质疑荷马和赫西俄德将“神学拟人化”的人。在他看来，上帝只能因为他的完美和唯一而超越世人之上。他的这一理念对更早时期神的多样性和平庸性提出了质疑。色诺芬尼给后世留下了许多讽刺诗和悲歌。埃利亚的芝诺因被暴君尼亚施以酷刑而英年早逝。虽然他的思想具有独创性，他也似乎驳斥了毕达哥拉斯“数是万物本源”这一观点，但人们依旧认为，他是巴门尼德的学生。芝诺留下了非常多的作品，如《对恩培多克勒的作品的评析》、《反对哲学家》和《争议》。来自以弗所的赫拉克利特（前550—前480）也是与芝诺、巴门尼德等人同时期的哲学家，他也是巴门尼德的批评者。他率先提出了“相对性”这个原则。他有一句名言：“人不能两次踏入同一条河流”，这一观点有助于人们思考所有物质都是处于不断运动的过程中。赫拉克利特敏锐地感觉到在无意义的事物中隐藏着的和谐和逻辑，提出“逻各斯”这个概念，即隐藏着的、统治整个世界的理性：对立中的统一。来自阿克拉噶斯的哲学家恩培多克试图将巴门尼德关于存在的不变性与进化和腐败的过程相糅合，他认为必须在四种基本元素（土、气、水、火）中添加两种新的力量“爱”与“恨”。前者（爱）将各种元素联结，而后者（恨）将其分离。起初，“爱”独自统领全部力量，一切都只处在一个唯一的、永恒的、静止不动的世界。土、气、水、火这四种元素互相渗透，共存于一体。之后“恨”占据上风，随后，各元素相互分离。整个世界就是聚合与分离反复进行的过程。他的某些假设蕴含了自然选择和生物进化的理念。

### 古典原子论

来自阿布德拉的古希腊哲学家德谟克利特提出，世界由两种元素组成：一种是真实的，由同质且不可分割的原子代表；另一种不是真实的，是“虚空”，即原子运动的场所。原子可以互相连

## “不，我不承认我错了”

苏格拉底经常批评雅典当时的达官贵人或是所谓的智者、贤德之士，以及雅典的民主制度，这引起了许多民主人士的愤怒和不满。此外，这位哲学家对宗教有着自己独到的见解，导致许多人怀疑他不信奉雅典的国教。更糟糕的是，他有几个朋友被发现是民主的敌人。因此，两位年轻人在公民大会前检举揭发他的行为，最终公民大会决定将苏格拉底驱逐出境，除非他承认犯下的“罪行”并改正错误。柏拉图在《苏格拉底的申辩》一书中记录了他的老师为自己所做的辩护，并叙述了苏格拉底最终悲惨的结局。在诸位法官面前，苏格拉底拒绝收回自己所说的话，并选择亲手结束自己的生命。他生命的最后一幕是学生们聚在一起同他告别，而他则端起毒堇汁结束了生命。这一幕中最有名的缺席者之一是他的妻子赞西佩。阿尔西比亚德斯对此不无感慨，他用半嘲讽半赞赏的语气评论：“他不能让赞西佩也像自己的孩子那样”。但柏拉图却认为，苏格拉底这样做实际上是不想让赞西佩遭受他死亡的痛苦。

❖ **雅典卫城** 左图为部分女神柱像。这座门廊一共有六根女神柱像，柱身的外形是希腊少女。每根柱子高2.3米，用于支撑顶部的柱顶盘。

接（但不能互相融合）形成实体然后再次分离，直到它们再次和其他原子连接为止。原子处于永恒的运动之中。人的灵魂由轻盈、光滑、精致的球形原子组成，人的身体则由较重的原子构成。

### 苏格拉底与他的理论观

苏格拉底（前470—前399）以其敏锐的理性思维能力、轻松的表达风格和辛辣的讽刺揶揄而著称于世。他意识到了普罗大众的无知，也意识到了自己的无知，于是试图通过谈话让人们意识到这一点。他批评哲学家所谓的认识论和道德相对论，并通过合适的提问和"辩证法"寻求解决问题的方法。这一切都表明他的目标是发现对生活有用的知识，也就是确定人类真正要实现的价值是什么。从这个意义上说，他的伦理观被认为是"知性论或理智主义"，所以他认为获取知识的目的只是以此作为采取行动的手段。对苏格拉底来说，如果一个人知道"善"是什么，就应该按照"善"的标准来行动。因此，如果一个人缺乏美德，那就会缺乏知识，反之亦然。雅典的法官指控苏格拉底不承认雅典的神灵，而且腐蚀雅典青年人的灵魂，判处他死刑（虽然他有机会逃脱）。最后，他饮下一杯毒堇汁而死。

### 柏拉图的思想

柏拉图是苏格拉底最有名的学生，他的思想成就主要集中在政治理论方面。柏拉图批评城邦现有的政治体制（寡头

## "会饮"或宴会

❖❖❖

古希腊的"会饮"或宴会是一种由某些富裕家庭出钱组织的社交活动。柏拉图有个喜好，经常和与他同坐一桌的人讨论。柏拉图最著名的一篇对话录就叫作《会饮篇》，其中记载了当时雅典最负盛名的一些人物在某次宴会上的谈话。其中包括苏格拉底、著名剧作家阿里斯托芬、苏格拉底非常喜爱的朋友阿尔西比亚德斯、历史学家兼批评家帕萨尼亚斯（他记录了许多其他宴会的过程）。还有一些不那么知名的人物：阿波罗陀若、医生鄂吕克锡马柯、美丽的斐德若、阿里斯托尼莫、当晚的主持人、诗人阿伽通，最后还有柏拉图自己。当晚他们谈论的主题是爱，他们的对话反映了当时雅典女性地位的低下。苏格拉底在对爱情冲动进行合理定义的时候，回忆了自己与来自曼提尼亚的女哲学家狄欧蒂玛的对话。

❖ **在德尔斐** 一尊雅典娜胜利女神像（"Niké"在西语中意为"胜利"），该女神像矗立在德尔菲圣地阿波罗神庙内部。

❖ **忒修斯与阿里阿德涅** 公元前5世纪制作的双耳细颈小底瓶，瓶身绘有古希腊神话中的英雄忒修斯和阿里阿德涅，忒修斯在复杂的迷宫里战胜牛头人身怪后，两人一起休息的场景。

政治、民主政治和僭主政治），并极力推崇“最优”的政体，即城邦由在道德、伦理和公共服务方面表现卓越的公民当政。他写下多本与政治、伦理、形而上学和认识论有关的著作，其中大多数是以对话形式写就的。

柏拉图关于理念的理论基于两种实体存在：（1）多元且不断变化的感官世界中的缺陷和不完美；（2）人类感官不能感受到的、唯一且永恒不变的完美和独立存在的理念。在柏拉图所著的《洞穴寓言》中，他认为，人类获得真理的唯一方法是理性和知识，而不是人类感官的作用。通过这种方式，他意识到有两个世界存在：一个是处于连续不断变化中的可知世界，另一个是位于天空中的可感世界。根据他的理性分析方法，人类只有通过智力才能获得对宇宙最深层次的了解。这种智力包含了先天获得的知识，来源于灵魂凝聚在肉身形成之前、隐藏在灵魂之下。柏拉图在古希腊和罗马世界以及后来的东方基督世界中都具有很大的影响力。文艺复兴之后，柏拉图的思想成为新思想赖以生存的基础。直到今天，很多哲学思想依然受到他的影响，对他提出的假设或给出肯定意见，或予以否定。

## 亚里士多德的哲学思想

亚里士多德（前384—前322）出生于哈尔基季基的斯塔吉拉，是古代最伟大的哲学家之一。虽然他在柏拉图学院接受教育，但同时也受到毕达哥拉斯、赫拉克利特、巴门尼德和恩培多克勒等人的影响。公元前342年，他被马其顿国王腓力二世聘为儿子亚历山大的家庭教师。之后他在雅典建立了自己的学院（亚里士多德学院，又称吕克昂学园）。由于他与泛希腊世界的缔造者亚历山大大帝之间的师生关系，致使他受到许多雅典人的怀疑。

亚历山大大帝死后，亚里士多德被流放到哈尔基斯（埃维亚岛）。亚里士多德最关心的问题之一就是找到一种合理的解释回答逻辑，比如，形式逻辑和“正确思考”的“分析”方法对我们生活产生的影响。他承认本质就是定义存在到底是什么，但他认为，定义表达的本质是一种与物质密不可分的、构成实体存在的形式。亚里士多德的方法具有经验主义特征，也就是说，他认为人类的知识来源于经验。他批评老师柏拉图关于存在两个世界（可感世界和可知世界）的理论，也反驳了“只存在一个世界”的观点。亚里士多德同样留下了众多百科全书式的著作，内容涵盖政治、经济学、天文学、解剖学、生物学、动物学和植物学等诸多领域。亚里士多德创立了一个全新的世界观，其作品极大地影响了后世文明，如泛希腊文明、罗马文明、基督教文明、伊斯兰文明、文艺复兴运动、现代文明和当代文明。

## 古希腊神话的现状

现代文学作品、艺术和知识经常从古代神话中汲取养分。英国女作家玛丽·雪莱就曾经对普罗米修斯神话进行了改写与重构。希腊神话中，这位泰坦神因为给人类盗取圣火而被众神惩罚，他也因此被锁链永久束缚。雪莱在《弗兰肯斯坦——现代普罗米修斯的故事》中叙述了类似的故事。医学生弗兰肯斯坦从尸体的遗骸中拼凑出一个活的生物，然而这个生物却对其创造者施以报复。但与普罗米修斯不同，弗兰肯斯坦不会被众神惩罚，而是遭到了他自己创造的生物的惩罚。

另外一个例子是阿尔贝·加缪，他受到西西弗斯神话的启发，创作了《西西弗斯的神话》。传说中，西西弗斯这位国王因遭到众神的惩罚而双目失明，并且要不停地把一块巨石推上山顶，而一旦接近山顶，石头又会滚落下来，如此周而复始。加缪在他的作品里借用这个形象描述现代人类的生活现状：在工厂和办公室循环往复地工作直至死亡，人性泯灭，荒谬无比。

俄狄浦斯是神话与科学最著名的结合。底比斯国王拉伊俄斯接到神的预言：他的儿子长大后将杀了他，并娶他的妻子约卡斯塔。尽管有神的警告，但俄狄浦斯还是顺利降生并幸存了下来，最后预言不幸成真。约卡斯塔发现真相后选择了自杀，俄狄浦斯也成为盲人。奥地利心理学家西格蒙德·弗洛伊德借这个寓言反映儿童对母亲的痴迷和对父亲的嫉妒，从而解释了儿童对异性父母的过度依恋的幻想。

纳粹占领巴黎时期，《安提戈涅的悲剧》在巴黎上演。安提戈涅是古希腊伟大悲剧作家索福克勒斯创作的不朽角色，她是俄狄浦斯和约卡斯塔的女儿。她的哥哥因犯了叛国罪，底比斯国王克瑞翁（同时也是她的叔叔）不允许她安葬哥哥的尸体。安提戈涅不顾克瑞翁的反对，依然安葬了哥哥，最终不幸死去。在法国剧作家阿努伊改编的这个版本中，安提戈涅是一个处于叛逆期的青少年，她反对强权，质疑整个社会的伪善和政治腐败。

❖ **西格蒙德·弗洛伊德** 被誉为精神病学之父，他善于利用古希腊神话来发展他的治疗理论、为潜意识冲突理论下定义。

# 前苏格拉底学派

尽管很多哲学家与前苏格拉底学派持有的观点差异明显，但总体来说，这些哲学家都试图从理性的角度去解释宇宙，而不是像诗人荷马和赫西俄德那样通过神话传说解释世界。他们通常只围绕万事万物的起源（本质）提出各种假设。对某些哲学家来说，世界的本原可能是所谓的“四种元素”（土、水、气和火）中的任何一种，而恩培多克勒则认为，世界的本原是上述四种要素以及另外两种元素的集合体，那就是“爱”与“恨”。

## 逻各斯

“逻各斯”这一术语可以翻译为“理性”和“语言”。毫无疑问，前苏格拉底哲学家在创造这个词时意识到，语言和意识无法分割。也许正是基于这个原因，他们既注重深入理性领域探究哲学，也在语言领域不断探索。除了诗歌，一切语言形式都是其哲学思想最真实和最基本的表达形式。

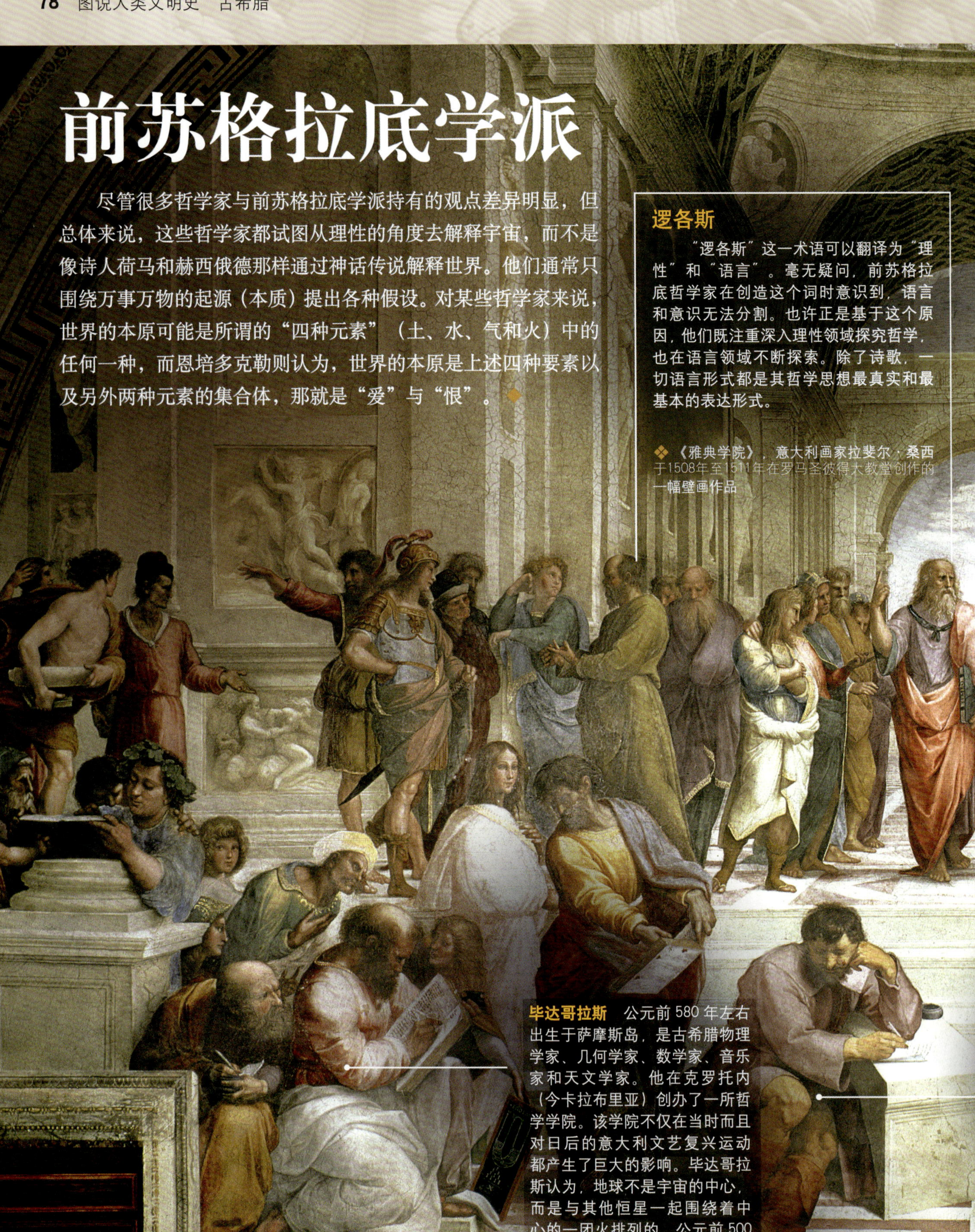

❖《雅典学院》，意大利画家拉斐尔·桑西于1508年至1511年在罗马圣彼得大教堂创作的一幅壁画作品

**毕达哥拉斯** 公元前580年左右出生于萨摩斯岛，是古希腊物理学家、几何学家、数学家、音乐家和天文学家。他在克罗托内（今卡拉布里亚）创办了一所哲学学院。该学院不仅在当时而且对日后的意大利文艺复兴运动都产生了巨大的影响。毕达哥拉斯认为，地球不是宇宙的中心，而是与其他恒星一起围绕着中心的一团火排列的。公元前500年左右，他死于梅塔庞托。

这些哲学家在道德和理论方面都吸收了相对论和主观主义的思想潮流。他们（诡辩家，又称智者学派）通常是年轻人的老师，主要教授政治和修辞学。因此，苏格拉底不仅蔑视智者学派，还将其视为一种针对年轻人的危险。当时最负盛名的哲学家有：普罗泰格拉、高尔吉亚和希庇亚斯。

❖ 公元前5世纪制作的一尊古希腊双耳罐，瓶身描绘了两位智者在争辩的场景

**琐罗亚斯德** 他是公元前6世纪的一位波斯哲学家和立法者。他的思想对前苏格拉底学派产生了非常重要的影响，尤其是对那些活动在小亚细亚半岛上的古希腊城邦哲学家。他认为世界上只存在两种永恒的元素：善与恶。西方也将其称为"查拉图斯特拉"。

**赫拉克利特** 公元前544年左右出生于以弗所，被世人尊为辩证法思想之父。他只留下了只言片语，大多是其他作者引用他的思想的片段。他坚持认为，世上唯一永久的事物就是变化，而变化产生于相斥要素间的冲突。"人不能两次踏入同一条河流"是赫拉克利特对现实世界最广为人知的比喻。因为当人第二次踏入这条河时，流过的是新的水流而不是原来的水流。他于公元前480年去世。

## 米利都的泰勒斯

他是几何学家和哲学家，生于公元前624年左右。多个城市争相宣称自己是这位哲学家的出生地。他被同时代的人视为古希腊最伟大的圣贤之一。他认为，水是最基本的元素，是万物的构成元素。他是几何学的奠基人，是"泰勒斯定理"的提出者。他的观点与米利都的另一位哲学家阿那克西美尼的观点相左，后者认为气是最基本的元素。

❖ 右图是一幅19世纪创作的米利都哲学家泰勒斯的肖像图

# 哲学

毫无疑问，哲学（至少在西方文化中）是古典时期的希腊留给后世最伟大的贡献之一。虽然许多古希腊哲学家都对生活中的重大问题进行了思考，但希腊古典哲学却被后人总结为三个名字：苏格拉底、柏拉图和亚里士多德。他们的哲学思想是西方哲学当之无愧的支柱，为几千年来不同的哲学流派和哲学理论的发展提供了养分，也将继续促进后世哲学的发展。毋庸置疑，这三位思想巨人都试图回答人类存在所带来的许多未知问题：从关于存在的基本问题（例如，是什么使事物成为它现在的样子），到知识的可能性，再到与人类社会的政治组织相关的问题（如社会实体）。◆

上图为一个古希腊瓦罐，罐身描绘了苏格拉底和他的一位学生正在讨论的情景。

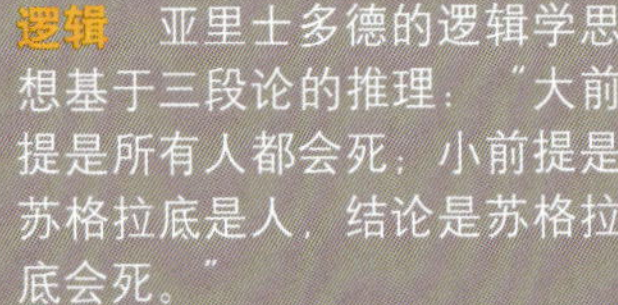

**逻辑** 亚里士多德的逻辑学思想基于三段论的推理："大前提是所有人都会死；小前提是苏格拉底是人，结论是苏格拉底会死。"

**动物学** 亚里士多德将自然界科学分类，认为人是自然界中最高级的动物。在他看来，动物界比植物界高级，植物界比矿物界高级。基于这种差异，他认为，"存在"分为三种不同的类型："理性的"、"营养的"和"运动的"。左图是一个古希腊瓦罐，上面绘有一个人和一只动物。

位于罗马斯帕达画廊内的亚里士多德雕像

## 亚里士多德

亚里士多德于公元前 384 年出生在斯塔吉拉。他曾在柏拉图学院学习，直到柏拉图去世。随后，他游历了小亚细亚半岛的诸多城邦，最终在马其顿定居，成为未来的亚历山大大帝的老师。回到雅典后，他创立了吕克昂学园。他经常一边和学生散步一边给他们上课，因而他和他的学生又被称为"逍遥学派"（亚里士多德学派）。公元前 1 世纪左右，罗德岛的安德罗尼柯收集了亚里士多德的多本作品，编纂了《亚里士多德文集》。亚里士多德吸收了当时所有人类已知的知识，还创立了许多新的学科，如逻辑学和形而上学。他是人类史上第一个对科学进行分类的人。他不赞同柏拉图的观点，认为感官是获取知识的手段，可以通过对具体的、独一无二的事物的研究获得知识。伦理道德方面，他将美德定义为一种介于两种极端之间的公正手段，并将人形容为"政治动物"。他的著作《诗学》是一本关于文学研究的书籍，是许多学校的教科书。公元前 322 年，亚里士多德在埃维亚岛的哈尔基斯逝世。

柏拉图半身像，雕像的底座上用希腊语刻着他的名字

## 柏拉图

柏拉图于公元前 428 年出生于雅典。他反对智者学派，并受到毕达哥拉斯哲学理论的影响。他创立了柏拉图学院，并在那里授课。柏拉图提出了理念世界与现象世界二元论。他认为，理念是先于且独立于现实而存在的。他的作品主要以对话形式撰写，苏格拉底是书中的主要人物。在《理想国》中，他提出并丰富了自己关于政治的一些概念，表达了对依靠智慧而非财富当权的精英政府的同情。他于公元前 347 年在雅典去世。

❖ 右图为《柏拉图学院》，罗马的马赛克镶嵌画

矗立在雅典学院门前的苏格拉底雕像，列奥尼达斯·德罗西斯创作于 1880 年左右

## 苏格拉底

苏格拉底于公元前 470 年出生于雅典，世人对其生平知之甚少。我们对他的了解主要来源于柏拉图的对话集，因为苏格拉底是当中的主要人物。苏格拉底认为至上的善就是智慧，世界上所有邪恶都源于无知。他的教学方法被称为"精神助产术"，指的是不断向学生提出各种问题，最终让他们得出一个正确结论，获得事物真相的知识。公元前 399 年，他在雅典被判处死刑。

### 面对死亡时的沉静

苏格拉底被判处死刑后离开了人世。法官强迫他喝下毒堇汁，这是一种无法解毒的毒药。柏拉图在《苏格拉底的申辩》一书中提到，法官指责他腐蚀雅典年轻人，不信奉雅典人尊崇的神灵，反而崇拜其他神灵，苏格拉底针对指控，在法官面前为自己做了辩护演讲。他的自我辩护是一次出色的演说，他对正义的热爱比他对生活的执着更加强烈。最后，苏格拉底非常平静地接受了他的死刑宣判。

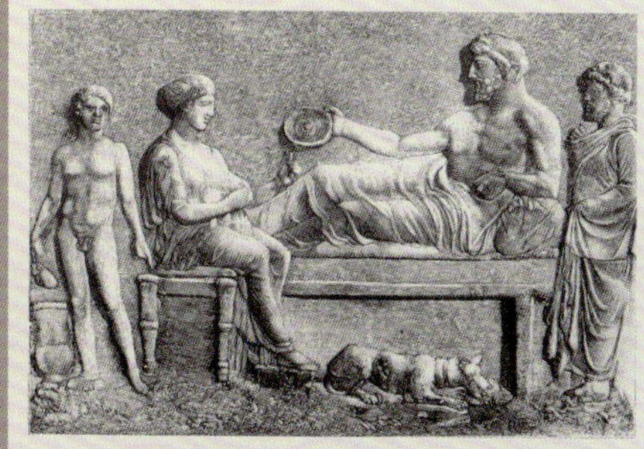

❖ 上图的浮雕重现了苏格拉底被判处死刑后喝下毒堇汁的那一刻

# 文学创作

可以说，文学最早出现在古希腊时只是作为艺术而存在的，直到后来发展为古希腊文化的一部分。古希腊诗人荷马和赫西俄德对古老的神话进行了加工和再创作，展现了史诗具备的所有叙事元素，是整个古希腊语言艺术的起源。经阿尔基罗库斯、萨福、提尔泰奥斯、阿加奴、阿那克里翁和品达等其他作家之手，关注个人主义的抒情诗逐渐变得具有创造力，而“诗歌”一词的本意恰恰就是“创造”。在古典时代，史诗和抒情诗的结合催生出戏剧这一新的文学形式，被认为是迄今为止人类产生的最完整的文学表达形式之一。最后，古希腊哲学和修辞学著作都兼具散文的文学风格。◆

**喜剧演员** 上图为一位头戴面具、身披彩色演出服的喜剧演员，他正在打着手势做怪相，试图表现悲苦的哀伤。

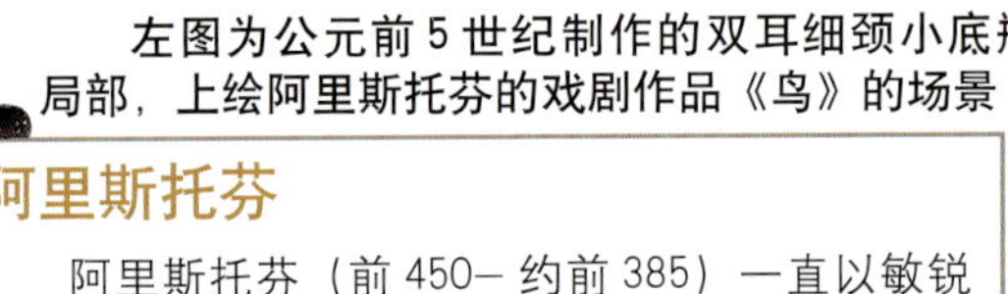

左图为公元前 5 世纪制作的双耳细颈小底瓶局部，上绘阿里斯托芬的戏剧作品《鸟》的场景

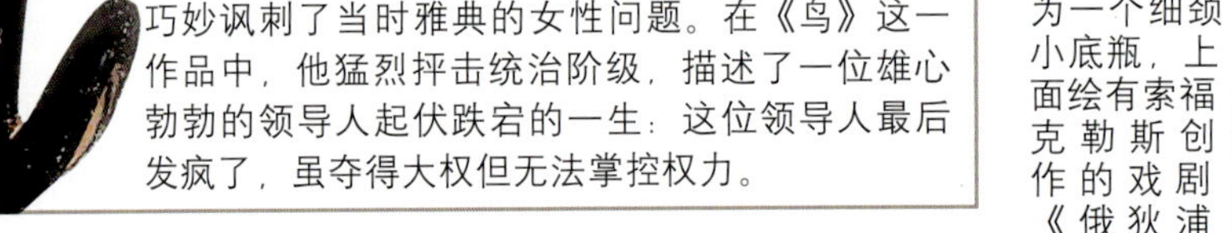

## 阿里斯托芬

阿里斯托芬（前 450– 约前 385）一直以敏锐的目光观察雅典社会，以辛辣的文字反映雅典现实。他的精神十分超前和现代，这一点非常令人惊讶。他用含沙射影的手法借《公民大会妇女》巧妙讽刺了当时雅典的女性问题。在《鸟》这一作品中，他猛烈抨击统治阶级，描述了一位雄心勃勃的领导人起伏跌宕的一生：这位领导人最后发疯了，虽夺得大权但无法掌控权力。

**俄狄浦斯** 一位古希腊文学中常常作为创作主题出现的神话人物。右图为一个细颈小底瓶，上面绘有索福克勒斯创作的戏剧《俄狄浦斯王》中的一幕。

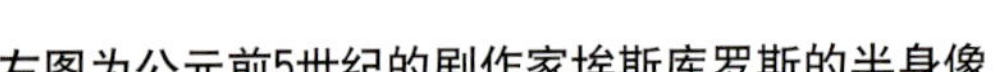

左图为公元前5世纪的剧作家埃斯库罗斯的半身像

## 埃斯库罗斯

公元前 525 年左右，埃斯库罗斯出生在圣城埃琉西斯，他被认为是希腊悲剧之父。埃斯库罗斯著有 80 多部戏剧作品，但其中仅保留了 7 部，分别是：“奥瑞斯提亚”三部曲，包括《阿伽门农》、《奠酒人》和《复仇女神》，以及《被缚的普罗米修斯》、《七雄攻忒拜》、《波斯人》和《乞援人》。他于公元前 456 年在西西里岛的格拉城去世。

**安提戈涅** 她是索福克勒斯创作的一部同名戏剧中的女主角，故事主要表现了个人对情感的忠诚（因家庭关系而被强化）与对国家的忠诚之间的冲突这一难题。

右图为公元前4世纪的剧作家索福克勒斯的半身像

## 索福克勒斯

索福克勒斯于公元前 495 年出生于克罗诺斯，是古希腊最伟大的悲剧诗人之一。他是希罗多德和伯里克利的朋友，在雅典有一份公家差事，他还在雅典对萨摩斯一战中担任将军。他的悲剧着力表现了人类的美与人类行为的恐怖之间的微妙平衡。他一生中大约著有 120~130 部作品，目前仅存《安提戈涅》、《埃阿斯》、《特拉基斯妇女》、《俄狄浦斯王》、《厄勒克特拉》、《菲洛克忒忒斯》和《俄狄浦斯在克罗诺斯》。公元前 405 年，他在雅典去世。

**赫西俄德与荷马** 右图是他们的半身像。他们代表着古希腊文学最古老的时期。赫西俄德的《工作与时日》、荷马的《伊利亚特》和《奥德赛》等此类作品依然与神话时期紧密相连，远早于城邦作为政治实体萌芽发展的时期。

## 来斯波斯的女诗人萨福

萨福于公元前625年左右出生在埃雷索斯，是古希腊女性文学最伟大的代表人物。萨福写了9本书，大约只有650句诗保留至今。她是一位杰出的抒情诗人，其诗歌在歌颂爱、美和大自然的同时，还赞美人类的激情和欲望。她率先提出“笑是众神的语言”这一概念，并毫不犹豫地赋予一切人类(无论其性别如何)这种庆祝生命的能力。萨福于公元前565年左右逝世。

❖ 右图为一座纪念萨福的雕塑，为世人想象中的萨福模样

公元前4世纪的欧里庇得斯雕像

## 欧里庇得斯

欧里庇得斯是古希腊悲剧诗人，于公元前480年出生在萨拉米湾。他与埃斯库罗斯和索福克勒斯并称为人类有史以来最伟大的剧作家，后两位的创作带有谜一样的神秘色彩，而欧里庇得斯的作品则具有深刻的主观性，《俄瑞斯忒斯》就是这种情况。传说中，俄瑞斯忒斯杀死了母亲克吕泰涅斯特拉。在埃斯库罗斯的笔下，对俄瑞斯忒斯穷追不舍的复仇女神是真实存在的怪物。相反，在欧里庇得斯看来，复仇女神是罪恶的化身。

❖《被复仇女神纠缠不清的俄瑞斯忒斯》，油画，作者菲利普·奥古斯特·亨内金（1782—1833）

# 戏剧的摇篮

在古希腊，文化活动常与纪念战争、体育活动或宗教活动等大型节日庆祝活动联系在一起。在这种背景下，戏剧以悲剧和喜剧的形式诞生了。正如亚里士多德在他的《诗学》中所说的那样，悲剧是市民宣泄感情的一种方式。也就是说，没有人能在离开圆形剧场时像他刚进来时一样平静，看完戏剧后观众的内心深处都会受到极大的震撼。从过去到现在，古希腊三大悲剧作家埃斯库罗斯、索福克勒斯和欧里庇得斯的作品都证实了这一点。反过来，古希腊喜剧的代表人物是阿里斯托芬，他直截了当地表达了对当时社会和政治的批评。古希腊的戏剧一直完整地保留到了今天。◆

## 剧院建筑

古希腊人确立了剧院建筑的基本结构模式，罗马人在此基础上做了改进和完善，形成了延续至今的剧院结构：一个专门用于舞台表演的建筑，在建筑空间布局上将观众区与舞台明确区分开来，并设置专门为舞台演员准备的、有利于诠释戏剧内涵的空间。

❖ 埃庇道鲁斯剧场由波利克里托斯于公元前4世纪修建。古希腊人最早进行戏剧表演的地方可能是木制建筑，但是他们最后创造出了规模宏大的圆形石头剧场

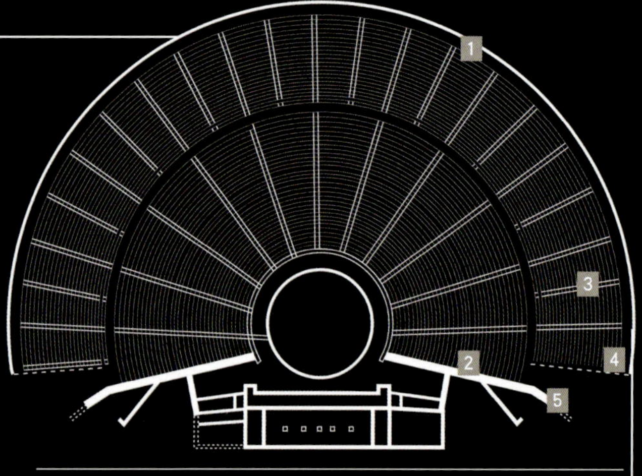


1 **圆形观众席** 专为观众设置的、有阶梯式座位的公共空间

2 **侧走廊** 从两侧进入主剧场的走廊

3 **圆场（合唱队席）** 用于合唱表演的圆形空间

4 **舞台前部** 演员表演的舞台

5 **景屋** 存放布景装饰、演出服装的地方

**侧翼** 舞台前部两侧延伸出来的空间，以限定舞台前部的活动范围，演员也可由此上场。

**布景库** 一种木质结构的三角棱柱体，三棱体的三个面上有不同的背景。

## 罗马人对剧院的改进

| | |
|---|---|
| 阶梯式座位 | 观众席座位不再依山坡顺势修建，而是建在阶梯上。 |
| 圆形观众席 | 观众从位于阶梯式座位和剧场出入口下的楼梯进入观众席。 |
| 圆场 | 圆场采用半圆形设计，是专为重要人物预留的位置。 |
| 侧走廊 | 走廊上方是重要人物才能进入的包厢，走廊只能通往圆场。 |
| 舞台 | 舞台共有好几层，一直延伸到圆场的半圆形处。 |
| 景屋（后台） | 位于舞台后方，仅当作更衣室使用。 |
| 乐池背墙 | 舞台下面的空地，是存放剧院机械的地方。 |
| 遮阳棚 | 主要供观众避雨。 |

## 狄俄尼索斯节（酒神节）

狄俄尼索斯节举行期间有大量的戏剧表演，这些表演活动起源于庆祝收成的古老仪式。无论宗教用的奠酒礼还是个人消费，人们在用到葡萄酒的时候都会立即将其和狄俄尼索斯这位神联系在一起。此外，狄俄尼索斯还象征着与野性和本能相关的事物。

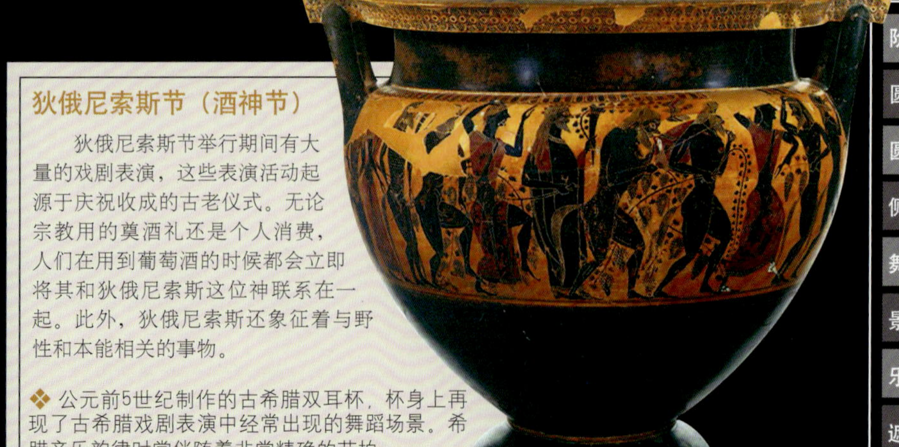

❖ 公元前5世纪制作的古希腊双耳杯，杯身上再现了古希腊戏剧表演中经常出现的舞蹈场景。希腊音乐韵律时常伴随着非常精确的节拍

## 剧院组织的庆祝活动

剧院庆祝活动包括各种盛会，届时将上演多部戏剧。庆祝活动可能持续一天以上，费用由为唱诗班和演员出资的富有公民承担。

**演员** 都是男性，每人都戴着多个面具扮演各种角色。为了区分不同角色，演员还穿上特色鲜明的各种服装。比如，身披一块狮子皮、手持一根棍棒的演员扮演的人物就是赫拉克勒斯。

**戏剧作品** 由陪审团（执政官）选择悲剧或喜剧作品。最重要的剧作家包括左图中的悲剧作家欧里庇得斯、索福克勒斯、埃斯库罗斯和喜剧作家阿里斯托芬。

**推台** 装了轮子的活动平台，可以旋转。

**吊车** 在剧情大逆转时，人们由此将演员送到舞台上。罗马人称之为“舞台机关送神”。

**房顶** 上下两层表演共同进行时演员出场的入口。

**主体** 上用于存放道具、装饰品，以及当作演员的化妆室、更衣室。

**乐池** 舞台前部和舞台之间沟通交流的地方，以避免意外发生。

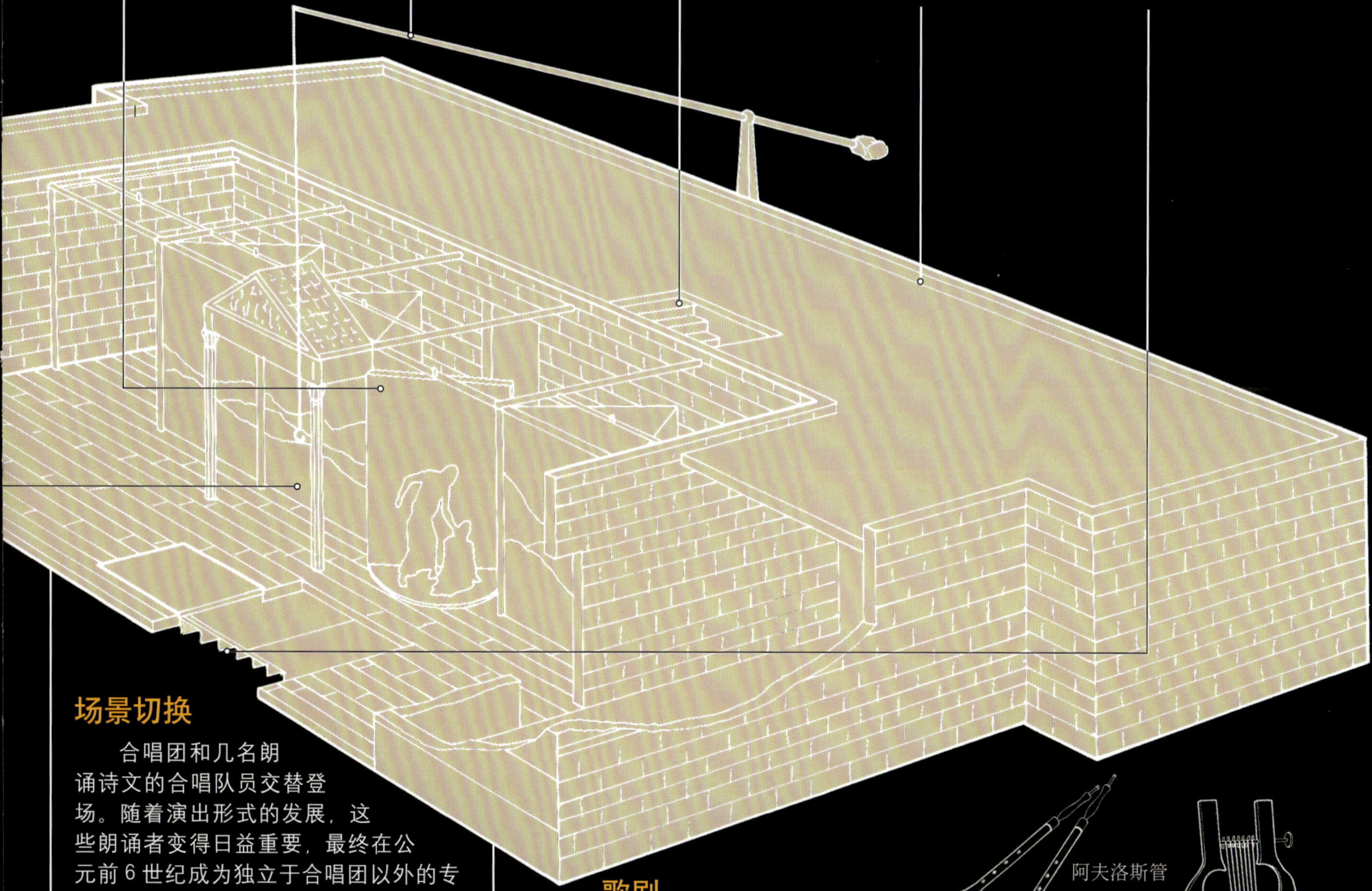

## 场景切换

合唱团和几名朗诵诗文的合唱队员交替登场。随着演出形式的发展，这些朗诵者变得日益重要，最终在公元前6世纪成为独立于合唱团以外的专职演员，有自己独立的表演空间。这时可切换场景的布景库出现了，在此之前布景只是作为舞台背景存在。除此之外，人们还利用其他舞台表演形式（如动作表演）来完善合唱团讲述故事的表演效果。人们通过合唱抒发内心深处的情感。

## 歌剧

古希腊人通过歌唱、朗诵和乐器（例如，里拉琴、长笛、芦笛和鼓）表演戏剧。受此影响，文艺复兴时期出现了新的艺术形式——歌剧，恍若古典戏剧的延续。

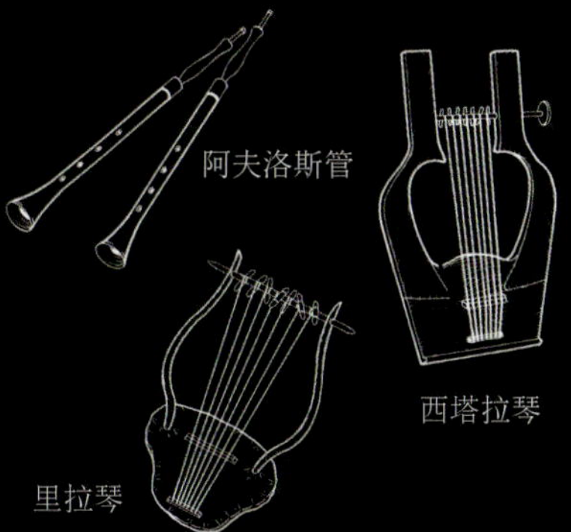

阿夫洛斯管

西塔拉琴

里拉琴

# 古典艺术

希腊人信奉普罗泰格拉提出的“人是万物的尺度”这一说法。对他们来说，美在于比例与和谐。这种美学观点在建筑和雕塑领域中表现得尤为突出：无论是建筑还是人体，美都被认为是整体与部分之间的精确平衡。古罗马帝国将希腊的艺术原则传入整个欧洲，后来，文艺复兴时期的建筑师和艺术家不断从中汲取灵感。希腊古典主义给后世留下的影响是如此深远，以至于19世纪资产阶级在世界范围内巩固自己的霸权地位时，将希腊美学融入了新古典主义风格之中，使其成为美的普遍标准。◆

### 古风时期的雕塑艺术

古风时期的古希腊雕塑带有明显地受到古埃及美学影响的痕迹，透露出刚毅和庄重感，具有代表性的是“库罗斯”，这类雕塑一只脚向前，双拳紧握。此时的希腊雕塑表现出一种统一的风格，即尽可能真实地展现人体的比例和肌肉质感，以及对理想美中比例平衡的艺术追求。

❖ 在一处殡葬区出土的“库罗斯”雕像（公元前6世纪）

**50根**大立柱组成了帕特农神庙的外围。这些立柱为多立克式，柱高10.43米。帕特农神庙由希腊最负盛名的雕塑家菲狄亚斯（前490－前431）主持设计。

**浮雕** 在这块帕特农神庙浮雕带上的三陇板上，可以看到刻在坚硬大理石上的人物姿态是那么自然：海神波塞冬和太阳神阿波罗在交谈，一旁的美丽女神阿尔忒弥斯身披外衣，胸部丰满，曲线玲珑有致。

帕特农神庙东面浮雕饰带细节图，上刻有神祇波塞冬、阿波罗和阿尔忒弥斯（公元前5世纪）。

罗马时期雕刻的《掷铁饼者》的复制品（公元前5世纪）

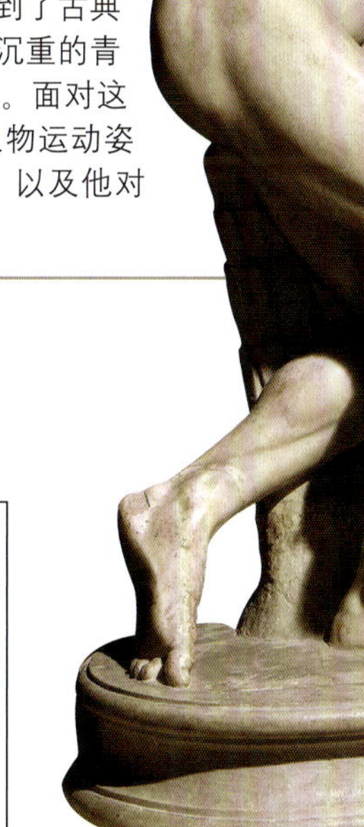

## 运动中的物体

《掷铁饼者》是希腊雕刻家米隆最负盛名的作品，表现了一名运动员将手握铁饼的手臂向后摆动到极限并即将向前掷出时极具表现力和张力的瞬间。和古风时期的雕像相比，此时的人物雕像多采用曲线来控制“运动感”的表达，突破了古风时期人物雕像的僵硬形式，这是该时期最大的艺术成就，达到了古典艺术理想美的状态。当时，雕刻家们使用沉重的青铜和大理石雕刻而成的雕像样式十分古拙。面对这一巨大挑战，生于自由时代的米隆以将人物运动姿态的瞬间永恒凝固在空间中的创作能力，以及他对表现人体之美的极致追求而闻名于世。

雅典卫城的主体建筑帕特农神庙，建于公元前447年至公元前432年

## 帕特农神庙

帕特农神庙整体呈长方形，采取多立克式建筑风格，用希腊潘特里克的大理石建造而成。神庙建于伯里克利时期，由建筑师伊克梯诺和卡里克利特主持设计。希腊人相信，雅典娜女神是雅典城的守护神，因此，帕特农神庙是祭祀雅典娜的神殿。神庙设门廊（即前厅），门廊通往内殿（即中厅），从内殿可以前往“帕特农”女神殿，即供奉雅典娜女神、储存财物的区域。神庙西侧设有后殿（即后厅），和门廊相对称。以上诸殿共同构成了整座建筑群。建筑上的浮雕带和排档间饰（浮雕带上每两个三陇板之间的部分）均由菲狄亚斯和他最优秀的学生雕刻完成。

**多立克柱式**

起源地：希腊本土

出现时间：公元前7世纪

柱子建在阶座之上，柱头由隆起的圆形石垫和无装饰的正方形顶板组成，简单朴素。

**爱奥尼柱式**

起源地：爱奥尼亚群岛

出现时间：公元前6世纪

柱子建在阶座之上，柱头带有向左右下方延伸的标志性涡卷装饰，并用顶板盖住柱头。

**科林斯柱式**

起源地：雅典

出现时间：公元前5世纪

柱子建在阶座之上，柱头形似倒置的钟，上以莨苕叶围绕装饰。

# 博物馆中的希腊

古希腊地处西欧和亚洲的交通要塞，历史上屡遭侵略，从古罗马军团到20世纪的纳粹德国等，每个侵略者都从古希腊考古宝藏中带走了部分胜利品。除了这种“官方式的”掠夺，还有许多国际地下走私犯对古希腊珍宝进行的秘密掠夺。这就是为何世界上各大博物馆和私人收藏家手中会有数量如此庞大的古希腊艺术品，足以和那些古希腊合法的继承者一竞高下。因此，虽然总是徒劳无功，但历届希腊政府从未停止过要求各国返还其文化和艺术珍宝。◆

## 雅典国家考古博物馆（希腊国立考古博物馆）

雅典国家考古博物馆是一栋美丽的新古典主义建筑，由路德维希·朗格设计。博物馆于1889年完工，1939年扩建，并在2004年雅典奥运会期间翻新。博物馆珍藏的众多文物中，有两座巨大的青铜雕塑：《骑马少年青铜雕像》和《海神波塞冬青铜雕像》。此外还有迈锡尼皇家陵墓的宝藏、特拉的壁画、铜像《来自安迪基西拉岛的青年》和《马拉松男孩》。

这个金色面具又被称为“阿伽门农的面具”，是该博物馆镇馆珍宝之一。

**20 000平方米** 占地20 000平方米的雅典考古博物馆内共有约7500件文物和1 000多件雕塑展出。

著名的《米洛斯的维纳斯》，现藏于卢浮宫博物馆

## 卢浮宫博物馆

卢浮宫博物馆内藏有古希腊艺术最伟大的遗产之一。博物馆位于巴黎的卢浮宫，是所有欧洲国家和美国博物馆的典范。在其收藏的希腊艺术瑰宝中，最著名的是《米洛斯的维纳斯》。

一尊公元前5世纪的雅典青年雕像残片

## 罗德岛考古博物馆

该博物馆位于一栋美丽的中世纪建筑中，设立在骑士军团医院的旧址上。它由建筑大师拉斯蒂克于1440年建造。在博物馆收藏的众多宝物中，有许多迈锡尼墓圈A出土的非常重要的面具，其历史可以追溯到公元前1550年至公元前1500年。

## 大英博物馆

大英博物馆于1759年开始正式对公众开放，是世界上最大的博物馆之一。它的收藏品包括摩索拉斯陵墓的浮雕、巴赛阿波罗神庙的壁饰，以及（第七代）埃尔金勋爵1806年从雅典卫城拆走的“帕特农神庙大理石”。馆内藏品几乎囊括了帕特农神庙近一半的雕塑，以及厄瑞克忒翁神庙和雅典娜胜利女神庙的几件作品。近年来，希腊政府发起了一场激烈的国际追讨运动，要求英国政府返还其从希腊非法掠夺的雕塑。

**贝佳斯宝瓶** 卢浮宫内藏有公元前1世纪制作的《贝佳斯宝瓶》，这个瓶子由大理石制成，高1.72米，直径1.35米。

海仙女神庙，神庙建筑被拆成一块块石头搬到伦敦，并在大英博物馆重建。

## 帕特农神庙的一条浮雕带

英国人从雅典卫城把帕特农神庙的一条浮雕带拆下并带到了伦敦。今天，这条浮雕带在大英博物馆展出。它是迄今为止古典希腊时期保存最为完好的浮雕之一，希腊政府一直反复要求英国政府返还该文物，但直到今天依然没有任何结果。

❖ 帕特农神庙的一条浮雕带上的细节，来源于雅典卫城

# 纪年表

尽管古希腊的历史可以追溯到旧石器时代晚期和中石器时代（约公元前 45000 年），并在马其顿、色萨利、伯罗奔尼撒半岛、基克拉迪岛和克里特岛上均有农牧活动中心，但直到公元前 4500 年左右，早期文明的文化特征才开始在爱琴海地区日益显现。在这一时期，该地区还出现了青铜制品。金属的广泛使用不仅促进了农业的发展和村落的出现，还扩大了各人口中心之间的商贸往来和人员交流，为日后城邦的形成和发展奠定了基础。

**原始时期**

### 前2800—前1220

第一批印欧民族抵达希腊，很快，他们就在希腊本土、爱琴海诸岛和安纳托利亚沿海地区间的人口中心建立起文化联系。基克拉迪群岛是这一时期重要的商贸中心。公元前1900年，随着政治精英的崛起，克里特岛出现了第一个国家政权，并建有宫殿群作为政治权力中心和经济中心，成为爱琴海地区的霸主。公元前1700年左右，亚该亚人占据了克里特岛和希腊南部的大部分地区，夺取了米诺斯王朝手中的海上霸权。迈锡尼文明时期出现了许多坚固的城市宫殿，影响遍及整个东地中海地区。公元前14世纪至公元前13世纪，生产力的发展促进了西地中海贸易的发展和定居地的形成。特洛伊战争的胜利使亚该亚人强化了对该地区直至赫勒斯滂海峡的统治。

### 前2800—前2000

基克拉迪文明鼎盛时期。米诺斯文明出现。

### 前1900—前1700

米诺斯岛上出现早期宫殿建筑群。

### 前1700—前1450

米诺斯岛上的宫殿建筑群被摧毁，而后重建。亚该亚人入侵希腊。迈锡尼文明兴起。

### 前1450

米诺斯文明终结。

### 前1450—前1250

迈锡尼人控制了地中海贸易。

### 前1250—前1220

特洛伊战争。亚该亚人在伯罗奔尼撒半岛上建立起霸权统治。

**黑暗时代**
**（希腊中世纪时期）**

### 前1134—前900

所谓的“海上民族”摧毁了爱琴海和东地中海地区的城邦，完全改变了以往的贸易路线。与此同时，一股新的印欧移民潮兴起，又一批印欧人通过巴尔干半岛抵达希腊本土。“多利安人”的到来导致了迈锡尼文明走向灭亡。在这片区域上开始出现新的人群更迭，但这一时期的特点是人口锐减。重重危机之下，迈锡尼文明的社会经济结构和政治架构逐渐瓦解并消失，原有的城市均被废弃。历史学家将这个时期称作“希腊的中世纪时期”，即黑暗时代。经过一个世纪的颠沛流离，这片地区重新开始有大批的移民定居下来。与此同时，希腊方言逐渐形成，如多利安方言、爱奥尼亚方言、伊奥尼亚方言和雅典方言。此时，统治阶层的地位逐渐得到巩固，火葬被视为“英雄的葬礼仪式”。铁开始被广泛使用。公元前10世纪，希腊经济开始复兴，在安纳托利亚地区出现了新的人口中心和定居地。

### 前1220—前1120

印欧语系游牧民族不断侵入希腊本土，迈锡尼文明终结。

### 前1100—前900

新的人口中心和定居地出现并逐渐走向繁荣。

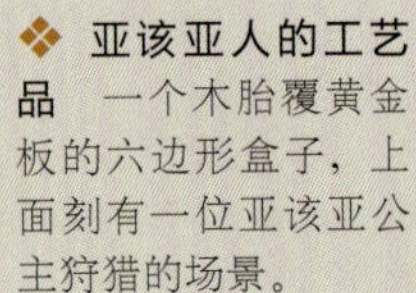

**亚该亚人的工艺品** 一个木胎覆黄金板的六边形盒子，上面刻有一位亚该亚公主狩猎的场景。

**古风时代早期**

### 前1100—前900

伯罗奔尼撒半岛和东地中海的村落人口激增，出现了多个城邦，即城邦国家。其中著名的城邦有：雅典、阿尔戈斯、底比斯、斯巴达、科林斯、哈尔基斯、埃雷特里亚、米利都、士麦那（即伊兹密尔）和福西亚。城邦的兴起促进了地中海地区贸易的发展，新的定居地在整个地中海区域如雨后春笋般涌现。地中海地区的贸易日益兴盛，甚至超过了与腓尼基人和伊特鲁里亚人的贸易往来。总的来说，城邦政权掌握在贵族阶层手中。贵族又迅速将权力交给由最富有的商人组成的寡头集团。为控制原材料（尤其是采矿业），城邦之间相互竞争。语音字母的发明促进了写作和文学的发展。《荷马史诗》就是在此背景下创作的。陶瓷业工艺水平得到极大提高。橄榄油和葡萄酒的出口促进了雅典、阿尔戈斯、科林斯和埃维

## 希腊的城邦国家

# 最早的民主政治形式

随着亚洲人口的大规模迁入，爱琴海地区和整个东地中海地区出现了众多独特的城邦国家。小亚细亚半岛、希腊半岛和意大利半岛之间密切的商贸联系推动了这些城邦国家进一步发展。东地中海地区成为文化实现大发展的焦点区域，这其中也蕴含着新社会组织模式的试验。尽管无法团结所有城市形成一个统一的政治共同体，但各个小城市却通过不同的联盟形成了城邦国家。在众多城邦中，雅典脱颖而出，逐渐成为当时艺术和哲学大发展的中心。经过各种不同的贵族和寡头政府统治，雅典人创造了人类历史上一种全新的政治制度——民主。

亚岛上城邦的繁荣昌盛。

**前776**
举办第一届古代奥林匹克运动会。

**前770**
古希腊在西地中海建立了第一个殖民地——匹德库塞。

**前754—前753**
斯巴达和雅典开始进行政治改革。

**前743—前724**
第一次美塞尼亚战争。

**前740—前708**
希腊开始在意大利半岛南部进行大规模殖民地运动。

**古风时代中期**

**前725—前610**
整个地中海地区经济处于大发展、大繁荣时期。希腊人、腓尼基人和伊特鲁里亚人在地中海争夺贸易线路。在此背景下，希腊殖民地数量急剧增加，加快了希腊城邦特别是雅典文化的大发展。希腊统治阶级喜爱一种受东方文化影响的艺术，这很可能是因为希腊与腓尼基来往十分密切。在科林斯、阿尔戈斯和西锡安，拥有土地的贵族和商人之间的关系日益紧张，最终导致了僭主统治的确立。泛希腊宗教圣地德尔斐和奥林匹亚的重要性日益显现。这一事实反映了不同城邦国家之间的政治关系以及政治联盟的形成。

**前725—前648**
希腊殖民地继续在意大利南部发展，同时开始向地中海西部扩展。

**前684—前668**
爆发第二次美塞尼亚战争。

**前657—前583**
希普塞卢斯家族在科林斯建立僭主政治。

**前650—前630**
斐登在阿尔戈斯建立僭主政治。

**前631**
昔兰尼城建立。

**前624—前620**
德拉古立法在雅典推进。

❖ **青铜雕像** 公元前450年左右制作的希腊青铜雕像。男子头戴头盔，是一个亚该亚战士，很可能与特洛伊战争有关。在希腊神话中，特洛伊战争双方背后均有希腊众神支持。

❖ **美杜莎** 美杜莎是古希腊蛇发女妖三姐妹之一。她的头发是一条条毒蛇，被视为古希腊神话中最恐怖的人物之一，后被英雄珀耳修斯斩杀。

## 针锋相对

# 波斯进攻希腊

希波战争，是波斯帝国与希腊城邦国家之间的战争，也是两种制度之间的潜在对抗，当希腊推行的民主制度与波斯的专制和神权统治发生碰撞后，雅典最终脱颖而出。希腊伟大的剧作家在他们的悲剧作品里列举了两种对立观点之间显著的不同点。尽管希腊所有城邦都在努力遏制波斯的入侵和扩张，但只有雅典做出了有效而积极的抵抗。面对波斯军队兵力上的巨大优势，希腊根据自身的文化和政治模式采取了更为先进的战术。虽然小亚细亚的一些希腊殖民地最终沦为波斯帝国的行省，但希腊半岛上的城邦依然保持独立。

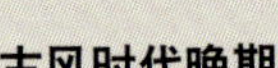

**古风时代晚期**

**前610—前510**
伯罗奔尼撒半岛上除了阿尔戈斯还在抵抗，其他地区均被斯巴达占领。与此同时，掌握国家政权的寡头集团与普通民众之间的紧张关系还在日益加剧。普通民众要求获得更大的政治影响力，这种呼声在雅典梭伦改革时期达到高潮。麦加拉、萨摩斯、纳克索斯和米利都城邦的寡头集团强化统治，加强对普通民众的压迫。希腊在地中海的许多殖民地自治趋势更加突出。区域霸权之争导致各城邦间的武装冲突不断。庇西特拉图及其家族因出口贸易发展获得社会力量支持，在雅典建立了僭主政治。公元前6世纪中叶，波斯帝国开始对外扩张，对爱奥尼亚岛上正蓬勃发展的希腊城邦产生威胁。

**前594—前591**
梭伦对雅典城邦进行宪政改革。

**前561—前527**
庇西特拉图家族三次在雅典建立僭主政权。

**前548**
位于德尔斐的阿波罗神庙被焚毁，希腊各城邦深受打击。

**前546—前522**
波利克拉特斯在萨摩斯建立僭主政治。

**前559—前513**
波斯帝国征服近东地区。

**前514—前510**
雅典庇西特拉图家族的僭主政治结束。

**希波战争**

**前510—前449**
克里斯提尼在雅典建立了民主制度，同时波斯帝国国王大流士一世开始对外扩张，爱奥尼亚岛上的一些城邦变成了波斯帝国的行省。米利都掀起了反抗波斯统治的暴动，但却在血和火的角力中被征服。公元前490年，雅典将军米提亚德在马拉松战役中击败了波斯人，结束了第一次希波战争。公元前480年，第二次希波战争爆发。波斯国王薛西斯一世洗劫了雅典，但在萨拉米湾海战和普拉提亚决战中被雅典人击败。雅典联合多个城邦，成立提洛同盟，继续与波斯帝国的战斗，直至击退波斯大军。地米斯托克利主持推动雅典建造军事防御工事，消除了来自波斯的威胁，并试图征服其他城邦。公元前449年，雅典派卡里阿斯与波斯人签署了和平协议。

**前508—前507**
雅典民主政治建立。

**前499—前494**
爱奥尼亚岛上的多个城邦反抗波斯入侵。

**前490**
第一次希波战争爆发。

**前480**
第二次希波战争爆发。迦太基与提洛同盟发起希梅拉之战。

**前479**
爱奥尼亚地区再次爆发起义，反对波斯统治。

**前478**
提洛同盟由雅典组织并受其领导。迦太基与提洛同盟发起希梅拉之战。

**前474**
希腊人和伊特鲁里亚人之间爆发库迈海战。

**前464—前455**
雅典与埃伊纳岛、科林斯之间爆发战争。

**前449年**
希腊人与波斯帝国签署和平条约。

**古典时代**

**前449—前338**
在消除了来自波斯的威胁之后，伯里克利政府将雅典的军事、经济、艺术和文化发展推向了高潮。雅典在希腊世界的霸权统治遭到其他城邦的反抗。斯巴达、底比斯、科林斯和锡拉库萨开始尝试建立与之不同的联盟，以遏制雅典的扩张，这种情形在长达30年的伯罗奔尼撒战争中达到顶峰。最终雅典战败，接连被几个

❖ **来自远古时代** 菲斯托斯出土的圆碟，其右边刻有远远早于希腊语形成时期的象形文字，上边是一个带有金质镶嵌饰物的迈锡尼匕首。

## 作为文化大熔炉的希腊与希腊化

# 亚历山大帝国

随着波斯帝国停下扩张的脚步，以及希腊城邦互相争夺希腊和东地中海霸权而发生的各种冲突的结束，马其顿王国登上了历史舞台。马其顿国王腓力二世开始了对希腊的征服之旅，他的儿子亚历山大大帝则走得远超出他的想象。马其顿的军队完全征服了波斯帝国并到达了印度，促进了东西方之间的交流。亚历山大大帝去世后，他的部下为争夺帝国的遗产进行了激烈的争斗，马其顿帝国分崩离析。最终，他的将领们各据一方，瓜分了整个帝国。与此同时，在西地中海，昔日的腓尼基人建立的殖民地崛起，并开始向意大利扩张。这是属于迦太基的时期，尽管开始得很晚，但是，古罗马帝国阻止了其前进的脚步，并将希腊和希腊化的王国变成了帝国的行省。

寡头集团统治。公元前4世纪，雅典恢复民主制度。斯巴达独自进攻波斯帝国，与此同时，北非迦太基的势力扩张到整个地中海西部，一直触及希腊在西西里岛的殖民地。斯巴达称霸伯罗奔尼撒，但是被雅典和底比斯击败。公元前356年，马其顿开始征服希腊，在喀罗尼亚战役之后全面征服了希腊。科林斯代表所有希腊城市接受马其顿的霸权统治。

**前461—前429**
伯里克利直接或间接统治雅典。

**前431—前404**
伯罗奔尼撒战争。

**前411**
雅典贵族寡头发动政变，推翻民主政权。

**前409—前392**
希腊人和迦太基人在西西里交战。

**前403**
雅典“三十僭主”政府投降，恢复民主政治。

**前404—前397**
斯巴达控制了希腊，众多城邦国家沦为其附庸。

**前397—前362**
底比斯击败斯巴达，征服了伯罗奔尼撒半岛上剩下的城邦。

**前356—前338**
马其顿国王腓力二世征服了希腊。

### 马其顿时期

**前338—前323**
腓力二世在埃格被刺杀身亡后，马其顿王位由其子亚历山大大帝继承。在得到希腊世界的支持后，他开始远征波斯，最终到达印度河流域和阿富汗海岸。希腊世界与东方文化开始进入交流和融合的新时期。亚历山大大帝死于巴比伦，享年33岁。他死后，多方势力各据一方，相互混战，争夺帝国霸权。

**前338**
希腊人和马其顿人建立科林斯同盟。

**前336—前323**
亚历山大大帝在位时期，希腊文化得到广泛传播。

**前334—前327**
亚历山大大帝征服波斯帝国，远征印度。

**前323**
亚历山大大帝死于巴比伦。

### 希腊化时代

**前323—前146**
希腊各城邦爆发了反抗马其顿的叛乱。将军安提帕特镇压了叛乱，但随后为争夺亚历山大大帝的继承权，亚历山大大帝的将领进行了长达40年的激烈战争，最终他们各据一方，马其顿帝国分裂成新的国家和王朝。安提柯王朝统治了整个希腊。随着公元前2世纪到公元1世纪之间古罗马帝国的扩张，安提柯王朝在希腊的统治宣告结束。

**前323—前281**
马其顿帝国分裂，希腊化王国形成。

**前200—前196**
罗马从马其顿帝国手中“解放”了希腊，并对其行使霸权。

**前171—前146**
罗马吞并希腊和马其顿，将其划为行省。

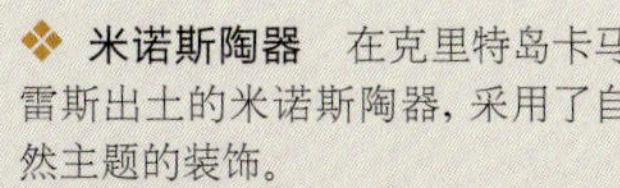
❖ **米诺斯陶器** 在克里特岛卡马雷斯出土的米诺斯陶器，采用了自然主题的装饰。

# 术语表

### 阿格拉
古希腊城市中心广场，是城市的行政中心、宗教中心、商业中心和政治中心，也是公民公共生活的中心。

### 阿派朗
希腊语，意为“没有出口”。希腊哲学家阿那克西曼德认为“阿派朗”是世界的“本原”。

### 半神英雄
在古希腊神话中，半神英雄是凡人和神的孩子。《荷马史诗》里的半神英雄往往是勇敢的战士。赫西俄德口中的半神英雄则是在克洛诺斯的庇护下居住在幸运岛上的神话人物。从公元前5世纪开始，半神英雄逐渐变成神化的凡人。

### 悲歌
希腊的一种诗体，常用于表达悲伤和痛苦。

### 本体论
源自希腊语“存在”一词。泛指关于存在或存在本身的科学、理论或哲学学说。“本体论”自巴门尼德以来一直存在，在17世纪得名“本体论”以前，一般被称为形而上学。

### 城邦
拥有自己的管理部门的城市政治社区。从公元前7世纪开始，城邦由一个中心城市及周围的村镇构成。一般来说，城邦由一座在敌军进攻时能进行防御的卫城统领；城市周边地区不大，主要由个人所有的土地、城邦公有的森林以及其他公有领域组成。城邦最基本的社会阶层是公民，他们享有一切权利和义务。

### 吹笛女
字面意义是“长笛演奏者”。一般指主持私人聚会的妇女，通常是外国人。

### 大希腊
希腊所占意大利南部、西西里岛和地中海中部岛屿的领土的统称。它是公元前9世纪和公元前8世纪希腊海外殖民时期的产物，后来该术语常用于指代希腊文化所占据的整个地区。

### 多利安人
公元前2世纪末入侵希腊的印欧民族。伯罗奔尼撒半岛和多里斯群岛主要为多利安方言区。

### 多神论
一种允许多个神灵崇拜的宗教观，古希腊是典型代表之一。

### 俄耳甫斯教
一种神秘宗教，认为灵魂有神性而身体不洁，该教将死亡视为一种自由，相信轮回和转世重生，提倡禁欲主义。教名来自俄耳甫斯，他是一位曾下过地狱的希腊英雄。

### 二头政治
指在一个政府里同时存在两个对等的统治者。就斯巴达而言，城邦有两位国王，并且是终身制的，与雅典和其他城邦的十将军一样，他们均手握指挥军队的权力。

### 《分析篇》
亚里士多德所著的一本关于如何正确思考的著作。

### 公民
指在古代斯巴达社会中，包括所有斯巴达战士在内的社会阶层。斯巴达国家的所有人都享有相同的权利和义务。

### 诡辩家/智者学派
希腊语意为“有智慧的人”。在伯里克利时代，指拥有专业知识的人。公元前5世纪至公元前4世纪，诡辩家是指具有社会实践活动的精神动力和批判精神的人。苏格拉底曾与他们当面探求真理。在柏拉图之后，“诡辩家”一词带有明显的贬义色彩。

### 哈迪斯
古希腊神话中的冥界之王，是克洛诺斯和瑞亚的长子。当众神击败泰坦神时，他被选中负责执掌鬼魂。哈迪斯统治的领土也被称为冥界。

### 会饮
古希腊人专指聚会和私人宴会的用语。会饮开始时会有一个短暂的敬酒仪式，一般是向主人喜爱的某一位神灵敬酒。按照惯例，主人会亲自把葡萄酒与水混合，然后向神斟酒，在一片谈话声、歌颂声和敬酒声中宣布宴会开始。会饮可能会持续一整夜。

### 甲兵
重装步兵，装备由盾牌、头盔、胸甲、胫甲、剑和矛组成。由于装甲过重，甲兵在战斗中往往需要一名助手帮助。通常从小农阶层中招募。

### 将军
希腊各个城邦的军队首领。雅典每年选举十位将军组成十将军委员会，负责统率军队，并从盟军那里收纳贡品。

### 教育家
老师，也泛指那些为他人担任向导或咨询师的人，以及负责指导和教育在学校的儿童的人。在古希腊，指善于教导青少年的杰出智者。

### 逻各斯
字面意思是“语言”，但常被用于所有用字词句段表达的推测性思想活动，因此也被引申到所有推理活动中。“逻各斯”这一概念的提出被认为是希腊对哲学发展做出的最伟大的贡献之一。

### 逻辑
亚里士多德在研究、演绎推理的形式和结构的过程中特别发展出来的一门学科。

### 迈锡尼人
迈锡尼城邦的居民，指的是在公元前2000年左右居住在伯罗奔尼撒南部的居民。

### 蛮族
希腊人对那些不讲希腊语或不属于其文化影响范围的外族的称呼。

### 米诺斯人
克里特岛的居民，得名于传说中的国王米诺斯——宙斯和欧罗巴之子。米诺斯是克诺索斯的君主，也是一位审慎的法官，与艾亚哥斯和拉达曼迪斯一起任冥府的判官。他被认为是帕西法厄（希腊神话中的太阳神之女）的丈夫，淮德拉和阿里阿德涅的父亲。阿里阿德涅在忒修斯杀死米诺陶洛斯（即牛头怪）之后和他一同逃亡。

### 魔术师
指创造奇迹、怪事或神迹的人。在希腊人眼中，魔术师与魔法师同义。

### 拟人论
一种将人类特征类比到神的身上或其他非人类物体上的

应用。

**牛头人身怪（米诺陶洛斯）**
人身牛头的怪物，是帕西法厄和波塞冬派来的一头白公牛的儿子。米诺斯命令代达罗斯修建了一座迷宫，将其关在里面。雅典人每年向米诺陶洛斯进贡七对童男童女，米诺斯接到后，便将他们关进米诺陶洛斯居住的克里特迷宫里，任由他们被杀死。雅典王子忒修斯在克里特公主阿里阿德涅的帮助下斩杀了米诺陶洛斯，并救出了其他同伴。

**努斯**
哲学的一种抽象概念，近似于"存在"或"精神"。来自克拉佐美尼的哲学家阿那克萨戈拉认为它引起事物的运动。

**帕特农神庙**
位于雅典卫城的雅典娜神庙中，建于公元前447年至公元前432年。雕塑家菲狄亚斯在建筑师伊克梯诺和卡里克利特的协助下完成了这项工作。这座大理石建筑有一条门廊，东西两面有8列柱子，南北侧面有17列柱子。神庙里的装饰刻画了雅典娜的诞生，以及她与波塞冬争夺雅典的场面。

**皮媞亚（即女祭司）**
具有预言天赋的女性，能聆听神谕，并将神谕传达给提问者。

**启蒙教育**
指学生学习某一学科的初始阶段，由古希腊大多数文化、教育、军事和宗教机构安排。这一阶段十分特殊，通常涉及非常具体且复杂的仪式和知识。

**前苏格拉底学派**
人们对苏格拉底之前的哲学家和思想家的统称，代表人物有普罗泰格拉、赫拉克利特、阿那克西曼德和阿那克西美尼。

**萨梯（半人半兽的森林之神）**
希腊神话中一种代表自然崇拜的小神。一般来说，他的上半部分为人形，下半部分为山羊形。后引申为带有讽刺意味的人物。

**三列桨座战船**
古代一种三层桨战船，船上配备了（铜制的）撞角。几组桨分布在不同层的甲板上，因此每一层都有桨手，层层重叠。

**神话**
讲述超自然和虚构的人物和事件的民间故事。叙述者将神话视为真理，并通过它对自然现象进行解释，通常内容涉及遥远的过去或祖先生活的情节。

**神话学**
关于人类神话起源和意义的科学研究，包括一个民族或一种文化里特有的神话故事的集合；家喻户晓的有关古代神和英雄的故事。

**《神谱》**
一部关于希腊神话中神话人物家谱的作品，描写了诸神的起源和相互关系。

**神谕/先知/神庙**
神谕：神通过特殊的媒介人员（通常是女巫）解答疑难者的提问。
先知：具有一定能力，能够预见未来和看到过去的人。
神庙：专门供奉某位能"破解"或"揭示"某些预言的神的殿堂。

**圣殿**
专门祭祀神、祖先或自然的圣地。古希腊最著名圣殿是德尔斐神庙。

**史诗**
源自希腊语"epos"，意为叙事，后引申为叙述英雄行为的诗。

**颂词**
赞美一个人的演讲或演说。

**塔拉萨（海洋女神）**
在希腊语中，它的意思是"海"。"制海权"一词即来源于此，意为"海上霸权"。

**体育馆**
希腊时期的一种建筑设施，历史十分悠久，可追溯到荷马时代。到公元前4世纪，体育馆通常由几座不同的场馆组成，包括角力学校、摔跤场、拳击场、运动场和浴室。体育馆还是当时希腊人的社交场所。

**外国人**
居住在希腊城邦内并被许可从事一定商业和工业活动的外国人。这些人不享有公民权。

**卫城**
古希腊城市中位于高地上的要塞，包括庙宇和圣殿。希腊著名的卫城有：伯罗奔尼撒半岛上的科林斯卫城、阿提卡的苏尼翁卫城、维奥蒂亚的底比斯卫城和喀罗尼亚卫城，当然，最著名的还是雅典卫城。

**五百人会议**
雅典人民大会。在古希腊其他城市，它还扮演着参议院的角色，并享有立法和行政特权。

**希洛人**
指斯巴达国家所拥有的奴隶。希洛人依附于斯巴达人的一块份地上，耕种土地，向斯巴达人缴纳固定数量的赋税。斯巴达人征服美塞尼亚后，将美塞尼亚人变成了希洛人。

**修辞学**
关于语言修辞的学问。西西里人科拉克斯和提亚斯创立了修辞学，诡辩家普罗泰格拉和高尔吉亚发展了修辞学。柏拉图在其所著《斐德罗篇》、亚里士多德在其所著《修辞学》中为修辞学的发展奠定了哲学基础。历史学家安提芬、伊索克拉底和伊塞优斯将其编纂成今天的最终版本。

**亚该亚人**
公元前2200年开始居住在希腊南部亚该亚地区附近的古希腊人。

**异端**
古希腊一种严重的犯罪，不了解或者不尊重城邦的公共仪式都被视为犯下异端之罪。

**执政官**
古希腊各个城邦国家的行政长官。

**助产术**
字面意思是一系列旨在让胎儿顺利娩出的知识体系。在苏格拉底的哲学思想中，指的是运用提问的艺术，促使对话者发现自身原来不掌握的真理和知识的方法。